東アジア
生産ネットワークと
経済統合

木村福成 | 大久保敏弘 | 安藤光代 | 松浦寿幸 | 早川和伸

慶應義塾大学出版会

序　文

　北東アジアと東南アジアを含む東アジアは、少なくとも製造業に関する限り、世界でもっとも先端的な形態のグローバル・バリュー・チェーン（GVCs）が展開されている地域である。国際的生産・流通ネットワーク（Ando and Kimura, 2005）あるいは第2のアンバンドリング（Baldwin, 2011）と呼ばれる生産工程・タスク単位の国際分業（以下では単に生産ネットワークと呼ぶ）の展開は、現在までのところ、東アジア諸国とメキシコ、コスタリカ、それに東欧の数カ国に限られる。さらに、生産ネットワークの発達とともに産業集積の形成に至っている国は、東アジア以外ではメキシコにその端緒が見られるにすぎない。東アジアは、新しい国際分業を先導し、また新たな開発戦略を実践する地域となっている。そして、東南アジア諸国連合（ASEAN）と東アジア全体の経済統合に向けての動きも、生産ネットワークを中核にすえた工業化を志向する国々によるものであることを考慮してはじめて理解できる。

　東アジアでは、日系企業をはじめとする各国企業がその活動をグローバル化させる様子をつぶさに観察できる。生産ネットワークに関しては、経済学における理論・実証研究よりも現実の方がはるかに先を走っている。生産ネットワークが既存の国際分業・貿易と異なる点は何か、それはどのように機能し、またどのような性質を有しているのか、各国経済に対してどのような影響を与えるのか、その強みを生かし弱みを補うにはどのような政策が必要なのか、自由貿易協定（FTAs）をはじめとする経済統合への動きは生産ネットワークを活性化する方向に貢献しうるのか。取り組むべき研究課題は次々に湧いてくる。日本あるいは東アジアを拠点とする貿易論研究者は、願ってもないすばらしい環境に身を置いていることになる。

　本書は、我々慶應国際貿易論グループの最近の研究成果から、特に東アジアの生産ネットワークに関するものを選び、その成果を紹介するものである。

以下、各章が生産ネットワークのどのような側面を分析し、新たな知見を提供しているのかについて、各著者の書きぶりには必ずしもとらわれず、筆者なりの視点から見ていきたい。

第Ⅰ部の2つの章は生産ネットワークのショックに対する耐性を分析したものである。

生産ネットワークは、フラグメンテーション理論（Jones and Kierzkowski, 1990）の示す通り、立地の優位性の異なる離れた場所に生産ブロックを分散立地させ、それらを緊密なサービス・リンクで接続することによって、産業・業種単位の国際分業では実現できなかったレベルの費用削減を実現している。しかしそれがゆえに、何らかの需要面あるいは供給面のショックによってサービス・リンクが寸断されると、ショックが生産ネットワークを通じて遠くまで伝播していくことになる。生産ネットワークに参加するということはより大きな不確実性を背負うことになるのか。自らに起因しないショックにさらされて不安定な経済となってしまうのか。これは、多くの人々が心配していることである。

第1章（大久保論文1）は、2008年に勃発した世界金融危機によって、日本の機械産業の輸出がどのような影響を受けたかについて、サバイバル分析という手法を用いて分析している。その結果、機械部品と機械完成品の比較、輸出仕向地別比較において、特に東アジア向け部品輸出は、危機に際しても途切れずに継続される傾向が強く、またいったん中断されてもすばやく回復することがわかった。生産ネットワークがショックを伝播するチャンネルとなることは確かであるが、通常の取引よりもショックに対する耐性が強いことが明らかになった。また、危機に至る以前に長く輸出が継続していた品目・仕向地ほど、取引が途切れにくいことも観察された。つまり、生産ネットワークがショックからの立ち直りの先導役となりうるということである。

これらは、生産ネットワークの構築には一定のサンクコストがかかるため、いったん出来上がったら継続しようとのインセンティヴが働くということなのかも知れない。また、どこかでネットワークが途切れると生産ネットワーク全体が止まってしまう恐れがあるので、できるだけ早く復旧しようと努め

るとも解釈できる。

　第 2 章（安藤論文 1）は、同じく日本の機械部品・完成品輸出について、需要ショックである世界金融危機と供給ショックである東日本大震災に対する反応を比較している。

　月ベースで見ると、ショック以前ともっとも落ち込んだ月の間の機械部品・完成品輸出の低下幅はほとんど変わらない。しかし、世界金融危機の落ち込みは丸 1 年にわたるのに対し、東日本大震災の方は 3 カ月程度で急速に回復している。企業がショックを長期にわたり構造的変化をもたらしうるものと考えるか、それとも一時的なものとみなすかによって、反応が異なっていることがわかった。一方、危機が長引いたタイの洪水の例も含め、生産ネットワークにショックに対する耐性があることが再確認された。

　第 II 部の 3 つの章は、生産ネットワークにどのような新たな変化が生じてきているのかについて、その地理的広がり、国内経済への影響、海外直接投資の類型という 3 つの視点から論じたものである。

　第 3 章（安藤論文 2）では、生産ネットワークの主役である機械産業の生産ネットワークがどの程度の地理的範囲に広がりつつあるのかについて、やはり国際貿易データを用いて分析した。

　世界の国々がどの時点で機械産業の生産ネットワークに組み込まれていったかは、機械部品・完成品輸出入の全輸出入における比率を求めることによって、かなりはっきりわかる。東アジアの国々も、1970 年代までは、工程間分業をほとんど行っていなかった。1980 年代後半から 1990 年代前半に、生産ネットワーク中心の工業化が始まっている。メキシコおよび中東欧諸国では生産ネットワーク形成が進みつつあるが、世界の多くの国は現在でもまだその段階に達していない。また、機械産業の中でも、電気電子産業は部品・中間財の運びやすさやモデュール化の進展によって世界大の生産ネットワークを形成しつつあるのに対し、自動車をはじめとする輸送機器産業では産業集積内の近距離取引を中心とする生産ネットワークを形成していることがわかった。

　「グローバル」・バリュー・チェーンというといかにも世界大で一様に国際分業が張り巡らされているかのように聞こえるが、Baldwin (2011) あるいは

Johnson and Noguera（2012）は、緊密な生産ネットワークは世界大（global）ではなく地域（regional）単位で出来上がっているとしている。ていねいに貿易データを見ると、実は生産ネットワークと呼べるような緊密な国際分業は限られた国の間だけで成立しており、また産業・業種によってその地理的範囲も異なっていることが明らかになった。

　第4章（松浦論文）は、企業活動のグローバル化が国内経済にどのような影響を与えるのかという極めて重要な問題に取り組んでいる。

　生産ネットワークを展開するために日本企業が東アジア諸国に工場を建てるといった場合、日本国内の雇用はどうなるのか。日本国内の就業者を教育水準あるいは熟練度で分類した場合、どのように労働需要が変化するのか。これらは確固たる実証研究によって突き止められるべき問題である。

　先進国においてはおしなべて、脱工業化あるいは製造業の空洞化が起きてきている。しかし日本の場合、その進行はやや遅く、過去10～15年の就業者数50人以上の製造業企業の雇用者数はほとんど変化していない。派遣労働者の増減も、製造業における雇用全体としてはごく小さい。また、東アジア向け直接投資を行った企業がそうでない企業と比べて特に国内雇用を減少させているとの証拠はない[1]。1990年代以降製造業雇用の減少が著しい米国などとは事情が異なっている可能性がある。

　特に第4章では、対外直接投資の仕向地が先進国なのか発展途上国なのか、言い方を変えると対外直接投資が水平的（HFDI）なのか垂直的（VFDI）なのかによって、国内に残った企業活動の生産性や雇用がどう変わってくるのかという問題を取り上げている。

　本章では特に、データセットの構築やそれを分析するための計量経済学的手法について詳しい説明がなされているので、初学者には大いに役立つであろう。そして、ここで紹介されている実証研究では、HFDI、VFDIのいずれでも国内の生産部門従業者数については大きな変化は見られず、しかしVFDIに限って生産部門での賃金の上昇が観察された。つまり、発展途上国

---

[1]　日本の製造業企業による雇用動向についてはAndo and Kimura（2015）参照。また、清田（2015）は、国内雇用に対する影響を含め、直接投資についての研究の広範なサーベイを行っている。

に直接投資を行った企業は、労働集約的な工程を移転させたことにより、生産部門における技能労働者比率が上昇したことが示唆される。

次の第5章（大久保論文2）は、日本企業の海外子会社の仕向地別売上、調達元別仕入のデータを用い、従来から用いられてきたHFDI、VFDIという二分法では東アジアの生産ネットワーク下の直接投資パターンを十分に捉えきれないことを明らかにした。

一定の理論的背景を伴う直接投資の類型化の出発点は、マークセンらが提示したHFDI、VFDI概念である[(2)]。HFDIとは本国と基本的に同じオペレーションを投資先で行うタイプの直接投資である。典型的には、合併・買収（M&A）によるものが多く、サービス業の比率が高く、基本的には対先進国向け、広義の貿易障壁・輸送費の回避を動機とし、市場志向型である。一方、VFDIは、本国と直接投資先とで垂直的な分業を行うタイプの直接投資である。新規投資（greenfield）によるものが多く、製造業または製造業と流通業の組み合わせであり、対新興国・発展途上国向け、部品・中間財貿易の自由化によって喚起される生産効率志向型投資である。

しかし、新しい国際分業の下では、部品・中間財取引の比重が高まり、また投資国、投資受入国という2国のみならず「第3国」も含めた関係性の中で、生産ネットワークが構築されるようになる。したがって、直接投資ももっと複雑な性格を有するようになる。第5章では、日系海外子会社について現地調達比率と現地販売比率の2次元からなる「販売・調達ボックス・ダイアグラム」を描き、直接投資が既存の概念設定を超えてどのように展開されているのかが示されている。東アジアは少なくとも製造業に関してはもっとも複雑な生産ネットワークが展開されている地域であり、東アジアにおける観察をベースに直接投資概念を見直そうとする本論文の意義は大きい。

第III部では、ASEANあるいは東アジアで生産ネットワークが展開される中、政策レベルでの経済統合がどのように進んできたのかについて論じている。第6章（早川論文）は、特に自由貿易協定（FTAs）の利用に焦点を当てている。

---

(2) 詳しくはMarkusen and Maskus（2002）参照。

FTAsはさまざまな政策モードを含みうるが、核となっているのはやはり関税撤廃である。FTA参加国間で関税を撤廃することによって、FTA域内のモノの動きが円滑になり、経済が活性化される。特にASEANおよび東アジアの場合には、生産ネットワークの展開を促すための1方策として、原材料から中間財、最終財に至る広範な品目についての関税撤廃が進められた。世界貿易機関（WTO）加盟国全てに適用される最恵国待遇（MFN）ベースの関税撤廃が政治的に容易でない場合でも、FTAsの枠組みの下、特定国との間のみで関税撤廃を進めることはできる。ASEANおよび東アジアでは、電子部品等については1990年代初頭からMFNベースで関税撤廃が進んだが、自動車や鉄鋼など輸入代替型開発戦略を保持していた産業・業種についてはFTAsによってはじめて関税削減・撤廃が実現した。

しかし、FTAsによって関税が削減・撤廃されたからといって、そのFTA特恵関税率が自動的に適用されるわけではない。FTAsにおける関税は、FTA発効とともに即時撤廃されるケースもあるが、数年にわたって漸次撤廃される場合もあり、その制度は複雑である。また、FTA域内国の製品であるということを証明しなければ（原産地証明という）、FTA特恵関税率は適用されない。その基準を定めている原産地規則はしばしば複雑で、また証明手続きも煩雑である。そのような事情で、FTAsによってモノの貿易がどこまで実質的に自由化されたのかを見るには、関税撤廃率を見るだけでは不十分である。

第6章では、FTA特恵関税と原産地規則についてていねいな解説を行い、FTA特恵関税利用に関する簡単な理論的枠組みを提示した上で、一連の実証研究のサーベイを行っている。一見細かすぎる研究課題のように見えるかも知れないが、政策論に近い有用な研究成果が積み上げられつつある分野であり、特に東アジアにおける生産ネットワークをさらに拡大・活性化するための方策を考える上で極めて重要である。

最後の第7章（木村論文）では、GVCsの有効活用という面からASEANの経済統合を再評価し、開発戦略上の今後の課題について議論している。

筆者は、東アジア・アセアン経済研究センター（ERIA）のチーフエコノミストとしてERIAの同僚とともにアジア総合開発計画2.0（CADP 2.0）を執

筆し、2015年の東アジアサミットに提出した（ERIA, 2015）。そこでは、GVCsへの関与の仕方として、比較的単純なGVCsへの接続（ティア3）、生産ネットワークへの参加（ティア2）、生産ネットワークに結びついた形での産業集積の形成（ティア1a）、さらに1歩上のイノヴェーション・ハブの創出（ティア1b）という概念を提示し、それらがあてはまる国・地域あるいはプロジェクトを支えるためにどのようなハード・ソフトのインフラストラクチャーが必要となってくるかを論じた。

このGVCsの有効利用という観点から提示されたティア構造は、ASEANおよび東アジアの経済統合のこれまでの進捗を評価し、今後の課題を抽出するためにも有効である。第7章では、特にASEAN経済統合に焦点を当て、国際通商政策と開発アジェンダという視点から、ティアごとに必要となってくる政策を整理し、それをもとにASEAN経済共同体（AEC）の評価を行っている。さらに、2015年末に一応の完成を見たAECが今後どのように展開されていくべきなのか、また環太平洋経済連携協定（TPP）のインパクトについても、議論している。

東アジアにおける生産ネットワークと経済統合に関しては、世界の他地域に先んじた新たな動きが展開されてきている。本書はそれに関する経済研究のほんの一部を紹介したものであるが、この分野がいかに豊潤でしかも政策志向の強い研究課題を提示しているのかがおわかりいただけるものと思う。多くの人々がこの研究分野に関心を持ち、研究活動に参入してきてくれることを願っている。

2016年4月

木村福成

参考文献

Ando, Mitsuyo and Fukunari Kimura (2005) "The Formation of International Production and Distribution Networks in East Asia," In Takatoshi Ito and Andrew K. Rose, eds., *International Trade in East Asia* (*NBER-East Asia Seminar on Economics, Volume,* 14), Chicago: The University of Chicago Press: 177-213. The former version was distributed as NBER Working Paper, No. 10167, National Bureau of Economic Research, December 2003.

Ando, Mitsuyo and Fukunari Kimura (2015) "Globalization and Domestic Operations: Applying the JC/JD Method to Japanese Manufacturing Firms," *Asian Economic Papers*, 14(2): 1-35.

Baldwin, R. (2011) "21st Century Regionalism: Filling the Gap between 21st Century Trade and 20th Century Trade Rules," Centre for Economic Policy Research Policy Insight, No. 56 (May) (http://www.cepr.org).

Economic Research Institute for ASEAN and East Asia (ERIA) (2015) *The Comprehensive Asia Development Plan 2.0* (*CADP 2.0*): *Infrastructure for Connectivity and Innovation,* Jakarta: ERIA (http://www.eria.org/publications/key_reports/FY2014/No.04.html).

Johnson, Robert C. and Guillermo Noguera (2012) "Proximity and Production Fragmentation," *American Economic Review*, 102(3): 407-411.

Jones, Ronald W. and Henryk Kierzkowski (1990) "The Role of Services in Production and International Trade: A Theoretical Framework," In Ronald W. Jones and Anne O. Krueger, eds., *The Political Economy of International Trade: Essays in Honor of Robert E. Baldwin*, Oxford: Basil Blackwell: 31-48.

Markusen, James R. and Keith E. Maskus (2002) "Discriminating among Alternative Theories of the Multinational Enterprise," *Review of International Economics*, 10(4): 694-707.

清田耕造 (2015) 『拡大する直接投資と日本企業』NTT出版。

目　次

序文　　　　　　　　　　　　　　　　　　　　　　　　木村福成　　i

第Ⅰ部　生産ネットワークの安定性・頑健性

第1章　世界金融危機と生産ネットワーク　　　　　大久保敏弘　　3
1　はじめに　3
2　アジアにおけるフラグメンテーションの進展と経済危機　3
　2.1　フラグメンテーションに関する研究動向　3
　2.2　サバイバル分析と国際貿易　6
3　本分析のデータ　8
4　退出と再参入——「退出・再参入ダイアグラム」　9
　4.1　退出と再参入の確率　9
　4.2　「退出・再参入ダイアグラム」　12
5　サバイバル分析　18
　5.1　Kaplan-Meier 推定　18
　5.2　Cox 比例ハザードモデル　18
6　推計結果　20
　6.1　退出　20
　6.2　再参入　22
7　さらなる分析——新規参入　22
8　まとめ——アジアのフラグメンテーションと中間財・部品貿易　24

第2章　3つの危機と生産ネットワークの頑健性　　　安藤光代　　29
1　はじめに　29
2　2つの危機と日本の輸出動向　30

3　2つの危機に直面した生産ネットワークの特徴　37
　　3.1　輸出額の変化とその要因分解　37
　　3.2　機械輸出の下落と回復の確率　43
　　3.3　機械輸出の復活の確率とそのタイミング　46
　4　タイでの大洪水と日本企業の対応　51
　5　おわりに　53

第Ⅱ部　生産ネットワークの新展開

第3章　東アジアの生産ネットワーク　　安藤光代　59
　　　　　──域内での深化と域外との結びつき
　1　はじめに　59
　2　東アジア域内での深化　60
　3　北米の生産ネットワークとのリンク　68
　4　欧州の生産ネットワークとのリンク　76
　5　おわりに　82
　補論　電気電子産業と輸送機器産業の特性　83

第4章　生産ネットワークと生産性・雇用　　松浦寿幸　85
　　　　　──海外直接投資の企業データによる分析
　1　はじめに　85
　2　海外直接投資の影響の概念整理　86
　　2.1　海外直接投資のインパクトの概念整理　86
　　2.2　これまでの海外直接投資に関する実証研究　90
　3　分析の枠組み　93
　　3.1　因果関係の特定について　93
　　3.2　分析の手順　95
　4　データ　96
　5　推計結果　99
　　5.1　単純比較　99

5.2　マッチングによる分析　101
　　　　　5.2.1　傾向スコアの推計　102
　　　　　5.2.2　DID 推計量　104
　6　おわりに　107

第5章　海外直接投資概念の再整理　　　　　大久保敏弘　111
　　　——新しい FDI の分析手法と概念：「ネットワーク FDI」

　1　はじめに　111
　2　直接投資の分類——伝統的な 2 分類から多様な分類へ　112
　　　2.1　実証研究の進展——多様な分類と新たな分析の視点　113
　　　2.2　理論研究の進展——「第 3 国」の存在　115
　3　「販売・調達ボックス・ダイアグラム」　116
　　　3.1　1 つの事例——FDI と開発戦略　119
　4　日本企業の海外子会社による販売と調達——データ分析　120
　　　4.1　日本の海外直接投資　120
　　　4.2　販売・調達のパターン——現地子会社の貿易パターン　120
　　　4.3　産業の特性　123
　　　4.4　進出先の国の特性　125
　5　3 国以上での販売・調達パターン　127
　　　5.1　機械産業と「ネットワーク FDI」　129
　　　5.2　アジアと欧州における電子機械産業の FDI　129
　　　5.3　米国における電子機械産業の FDI——特異なパターン　135
　　　5.4　自動車産業の FDI　137
　6　「ネットワーク FDI」と「販売・調達ボックス・ダイアグラム」の
　　　拡張と応用　139
　　　6.1　研究のアイデア　139
　　　6.2　応用例　140
　　　　　6.2.1　『通商白書 2012』　142
　　　　　6.2.2　清田（2015）　143
　7　おわりに　143

第Ⅲ部　生産ネットワークと経済統合

第6章　自由貿易協定の利用　　　　　　　　　　　　　　早川和伸　151

 1　はじめに　151
 2　自由貿易協定の概形　152
 3　関税スキーム選択　158
  3.1　基本設定　158
  3.2　関税スキーム選択と特恵利用率　161
 4　実証研究の整理　163
  4.1　特恵利用状況　163
  4.2　特恵利用に与える影響に関する実証研究　167
   4.2.1　特恵マージン、原産地規則、企業規模の影響　167
   4.2.2　特恵利用のための固定費用の計測　168
   4.2.3　特恵利用率に影響を与える、その他の要因　170
   4.2.4　スパゲティ・ボウル現象に関する分析　171
 5　今後の研究の方向性　173
 補論　第3節のモデルにおける導出　173

第7章　生産ネットワークとメガFTAs　　　　　　　　　木村福成　177

 1　GVCsと生産ネットワーク　177
 2　生産ネットワークを中心に据えた開発戦略　179
  2.1　GVCsとティア構造　179
  2.2　ティア3：GVCsへの接続　182
  2.3　ティア2：生産ネットワークへの参加　182
  2.4　ティア1a：産業集積の形成　184
  2.5　ティア1b：イノヴェーション・ハブの創出　185
  2.6　他地域への応用可能性　188
 3　ASEAN経済統合　189
  3.1　独自の経済統合モデル　189

3.2 モノの貿易　192
         3.2.1 関税撤廃　192
         3.2.2 原産地規則・貿易円滑化・非関税障壁など　193
       3.3 その他の自由化努力　194
         3.3.1 サービス貿易　194
         3.3.2 熟練労働者の移動　196
         3.3.3 投資　198
         3.3.4 資本・金融　198
         3.3.5 グローバル・サプライ・チェーンへの参加　199
       3.4 開発アジェンダ　199
   4 RCEPとTPP　202
       4.1 第4の柱とRCEP　202
       4.2 TPPのインパクト　204
   5 おわりに　205

   あとがき　209
   索引　213
   執筆者紹介　219

第Ⅰ部
生産ネットワークの安定性・頑健性

第1章
世界金融危機と生産ネットワーク

大久保敏弘

1 はじめに

　本章では2008年に発生した世界金融危機が日本の輸出、特に機械産業の輸出にどう影響を与えたかについて、生産ネットワーク（いわゆる「フラグメンテーション」）の耐久性を中心にサバイバル分析する[1]。日本からアジア諸国への機械産業の部品・中間財貿易は、世界金融危機の間、ほとんど停滞することなく継続したことがわかった。また、たとえ中断してもすぐに復旧した。その結果、フラグメンテーションの耐久性は極めて高いことが明らかになった。
　本章ではフラグメンテーションの概要を解説したうえで、金融危機の影響を分析する。最大の特徴はサバイバル分析のような推計にとどまらず、図を多用しわかりやすく示すことである。「退出・再参入ダイアグラム」及び「退出・参入ダイアグラム」という新しい分析ツールを提示し、輸出の停止と再開の有無の関係を2次元でわかりやすく示した。これは学部生や大学院生でも簡単に応用できるだろう。

2　アジアにおけるフラグメンテーションの進展と経済危機

2.1　フラグメンテーションに関する研究動向
　近年、アジアにおけるサプライチェーンあるいは生産ネットワーク（いわ

---

[1] 本章はOkubo et al. (2014) の分析と内容をもとに加筆したものである。

ゆる「フラグメンテーション」）が注目を浴びている。欧州では経済統合とともに生産の地理的集中（産業集積）が進展したが、アジアでは異なる様相を呈している[(2)]。アジアにおける大きな特徴は機械産業を中心とした工程間分業が顕著であり、中間財や部品取引が国境を越えて頻繁に行われていることである。フラグメンテーションは概念自体、以前から提唱されていた（例えば Jones and Kierzkowski, 1990）。フラグメンテーションとは、もともと1カ所で行われていた生産活動が生産工程ごとに細かく分化され、それぞれの活動に適した場所に分散して立地することである。図1-1はその概念図である。フラグメンテーションする前は上流から下流までの生産工程をすべて1カ所の工場で生産していた。しかし、フラグメンテーション後は、上流から下流までのさまざまな工程を分化し、工程の技術特性や立地する場所の要素賦存を考慮し、国際的に分散立地させる。それぞれの国が得意な工程に特化することでコストを抑え、部品や中間財として次の工程のため隣国に輸出する。加工や組立を繰り返す中で国境を越え輸出し、最終財として完成させていく。フラグメンテーションはコストを低下することができ、今日のアジア地域全体の貿易の増大に大きく寄与していると言える。重要な点は、このようなフラグメンテーションは輸送費やコミュニケーションコストなどのサービス・リンク・コストの低下を背景に起こっていることである。

　近年、フラグメンテーションや生産ネットワークの実証研究が盛んになっている。例えば、Kimura and Ando (2005)、Athukorala and Yamashita (2006)、Jones et al. (2005)、Baldwin and Okubo (2014)、Fukao and Okubo (2011) などが挙げられる。これら一連の実証研究でわかってきたことは、アジアの貿易で大きな位置を占めているのは中間財・部品貿易であり、とりわけ機械産業で極めて盛んであるということである。しかし、生産ネットワークが広がる一方でどれだけ強靭で安定的なのかという疑問が出てくる。特にアジア諸国ではここ20年あまりで通貨・金融危機、自然災害などさまざまなショックを何回も経験してきている。こうしたことを踏まえて本章では2008年の

---

(2) 特に欧州で展開してきた地理的集中は経済統合と産業集積の形成として空間経済学の分野で研究されてきた。

図1-1　フラグメンテーションの概要

＜フラグメンテーション前＞

＜フラグメンテーション後＞

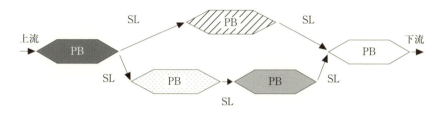

PB：生産ブロック　　SL：サービス・リンク

出所：木村（2003）より転載。

世界金融危機の影響を分析する。

　2008年の世界金融危機は世界経済に深刻な影響を及ぼした。2008年9月28日、ニューヨーク証券取引所の株価は2007年の米国住宅市場のバブル崩壊を発端に大暴落した。金融危機は世界に波及し、多くの経済学者が1929年の世界恐慌以来で最悪であるとまで指摘している。危機は国際金融市場にとどまらず、多くの国々で国際貿易を大幅に減少させた（Baldwin and Evenett, 2009）。2008年の世界経済危機を分析した論文がいくつかすでにあるが[3]、それらの論文では金融危機が世界貿易の減少にどう影響を及ぼしたのかをマクロ的な観点から解明し、今日の国際貿易がどれほど脆弱なものかということを示唆している。世界金融危機は国際貿易を大きく減少させたが、日本も大きいダメージを受けたことが近年の研究で明らかになってきている[4]。しかし、これらの研究は東アジアでのフラグメンテーションの金融危機に対

---

[3]　例えば、Levchenko et al.（2011）、Ahn et al.（2011）、Bems et al.（2011）、Haddad et al.（2010）、Amiti and Weinstein（2011）が挙げられる。

する頑健性を分析対象にしたものではないし、特定産業の個々の製品や輸出市場を詳細に計量分析したものでもない。したがって本章では、2008年の世界金融危機がどのように日本の国際貿易に影響を与えたかについて機械産業のアジアの生産ネットワークを中心に分析する[5]。機械産業における日本の貿易（輸出）データを詳細な製品レベルで使用し、世界金融危機がどう貿易に影響したかをサバイバル分析する。

2.2 サバイバル分析と国際貿易

サバイバル分析は他の経済学分野ではよく使われてきたが、国際貿易への応用が盛んになってきたのは、比較的最近のことである。国際貿易論でサバイバル分析を応用した最初の研究は Besedeš and Prusa（2006）である。貿易する製品を製品差別化の程度に応じて差別化財と同質財に分類し、輸出において差別化の程度が大きいほど取引を継続しやすく、同質財は取引を停止する傾向にあると結論づけている。さらに、Besedeš（2008）は市場への参入コストの高い製品ほど輸出を続ける可能性が高いということを解明した。

本章の場合、経済危機による取引継続の有無を見る。金融危機により製品の取引は停止し、危機が深刻化するにつれ長期間に及ぶこともある。しかし一方で製品によっては取引を継続したり、あるいは危機を脱し回復するにつれ、製品によっては貿易を再開させる。時間が経つにつれ徐々に再開する製品は増えていく。我々の視点は、アジアのフラグメンテーションに関連した輸出が金融危機の間に停止（退出）したのか、それとも生存（継続）したのか、そして退出したが後にまた輸出を始めた（再参入）のか、ということである。フラグメンテーションに関連する貿易は多様な中間財や部品が多く、これらはオーダーメイドの特注品も多く、取引はある種の「関係特殊性」を持っている。したがって、フラグメンテーション関連の貿易は、他の貿易に

---

[4] Levchenko et al.（2010）によれば、世界貿易の減少は米国での1920年代の世界大恐慌以上であった。さらに最もダメージが大きかったのは日本であったとしている。特にTanaka（2009）によれば、日本の輸出の大幅な縮小は、日本の多国籍企業のアジアでの生産ネットワークによって増幅した、とされている。

[5] 以下に述べるように Ando and Kimura（2012）が2008年の金融危機に関して単純なサバイバル分析をすでに行っており同様の結論に至っている。

比べて、世界金融危機などショックが起こっても取引は継続するのではないかと思われる。

サバイバル分析をフラグメンテーションに応用した最初の論文はObashi（2010, 2011, chap.3）である。Obashi（2010）ではアジア諸国で関税品目番号分類（HS）6桁の年単位の機械産業の貿易統計を用いて、Cox比例ハザードモデルを推定し、加えてカプラン・マイヤー推定を行った。Obashi（2011）でも同様の推計方法を用いて1997年から1998年にかけてのアジア通貨危機のインパクトを分析し、アジアにおける部品・中間財貿易は危機後、迅速に回復したことを明らかにした。さらに、同系列の分析としてAndo and Kimura（2012）では、世界金融危機と東日本大震災が日本の輸出に及ぼしたインパクトを比較し、HS8桁の輸出データを月次で用いて簡単なサバイバル分析を行った[6]。さらに2つの危機に直面した際の貿易の減少を外延と内延のマージン分解をした結果、東日本大震災よりも世界金融危機の影響の方が深刻であり、影響が長く残ったと結論づけている。また、部品・中間財貿易は2つの危機の影響を受けつつも頑健であったということも明らかにしている。

本章は世界金融危機に絞り、より厳密かつ詳細なサバイバル分析を用いて推計を行う。具体的な特徴は3点ある。第1に、我々はHS9桁分類の月別の日本の輸出データを用いる。これは、貿易の退出／再参入を厳密に分析するためには詳細な製品分類とより頻度の高いデータを用いることが不可欠だからである。第2に、国・製品レベルで退出／再参入のパターンを明らかにするため、「退出・再参入ダイアグラム」という新しいダイアグラムを提唱する。このダイアグラムは退出・再参入の傾向を視覚化する非常に強力なツールであり、財の特性や貿易パターンを比較する際に使い勝手が良いと思われる。第3に、我々の推定にはObashi（2010, 2011, chap.3）及びAndo and Kimura（2012）で使われていない説明変数をいくつか用いている。例えば、単位価格や製品品質は非常に重要な変数である。また輸出年数は取引が連続

---

[6] Ando and Kimura（2012）は単純なサバイバル分析（カプラン・マイヤー推定）を中心に行っている。詳細は本書第2章を参照。

で続いた月数で測られる。後に詳しく述べるが、一般的に取引年数のような継続時間はサバイバル分析では非常に重要な要素である。

3　本分析のデータ

　財務省の日本貿易統計の税関貿易データを用いる。FOB ベースの国（輸出相手国）かつ製品レベルの月次の輸出データである。分析対象は9桁分類の機械産業である。それぞれの国（輸出先・目的地）×製品に対して0と1のバイナリーでデータを作る。当該月で0は輸出がなく、1は輸出があることを示す。その後、このバイナリーデータをそれぞれの輸出目的地×製品（国×製品）レベルでパネル化する[7]。サンプル期間は金融危機中の2008年10月から2009年10月である。

　次に、本章で用いられる用語を定義する。表1−1は「世界金融危機の期間」、「退出」、「再参入」、「新規参入」を図示している。日本の輸出のトレンドを図1−2に示しており、これをもとに定義する。2007年に米国住宅市場のバブルがはじけ、それが米国株式市場の崩壊と世界的な不景気をもたらした。ショックは世界中に広がり、日本では2008年9月の危機発生後に40%も貿易が減少し、2009年1月には底値を記録した。しかしその後、貿易は大きく回復し、2010年1月には、危機発生前より水準は低いものの、安定期に入った。このような経済動向を考慮して、「世界金融危機の期間」を2008年10月から2009年10月と定義する。輸出市場からの「退出」は少なくとも2008年9月まで続いていた輸出が2008年10月以降なくなることと定義される。表1−1に示されているように、"$t0$" 月から退出月まで毎月続いていた場合、退出までの連続した月を継続取引期間、サバイバル分析の視点で言えば、国×製品の「年齢」として解釈できる。言い換えれば、どのくらいの期間、取引が継続したかを示している。次に、「再参入」は2008年10月以降に中止した輸出が2009年10月以前に再開しているものと定義する。

---

[7]　機械製品、部品及び中間財はAndo and Kimura（2005）の定義による。アジアの定義は財務省による。

表1-1　用語の定義

用語＼時間	$t0$			2008年9月	2008年10月	11月						2009年10月
維持・継続	+	+	……	+	+	+	+	+	+	+	+	+
退出	+	+	……	+	+	+	0	0	…	…	0	0	0	0
再参入	+	+	……	+	+	+	0	0	0	+	+	+
新規参入	0	0		0	0	0	+	+	+	+	+

←――――世界金融危機の期間（13カ月）――――→

注：この表は国別×製品のデータである。"+"は輸出あり。"0"は輸出なし。"$t0$"は2008年9月時点で輸出していた財の取引を遡及して取引の始まった月を示す。
出所：Okubo et al.（2014）より転載。

最後に、「新規参入」とは2008年9月時点で輸出がなかった国×製品で2008年10月から2009年10月の間に輸出を開始したものとして定義する。

日本の機械産業における輸出の概要を見る。図1-2のように機械産業は日本の輸出の70%以上もの大きな割合を占めている。図1-3は国×製品の数、つまり目的地別の輸出製品数をグラフにしたものである。これはいわゆる「貿易の外延」と呼ばれるものにあたる。危機によって減少し、危機後に回復している。図1-2と比較すると変動は小さい。これは長期にわたる安定的な取引は一度貿易が始まるとその関係が継続するということを示しているものと思われる。しかし同時に、世界金融危機はこのような安定的な取引関係にある程度のダメージを与えたと見られる。

4　退出と再参入――「退出・再参入ダイアグラム」

4.1　退出と再参入の確率

本節では退出と再参入を中心に議論する。一般的に不景気やショックは貿易取引をストップさせ、退出の数は増加する。表1-2は機械産業における退出数と輸出目的地別の取引継続の国×製品数を示している。表1-2上段〈全体〉に示されているように国×製品の最終財、部品及び中間財の数自体はおおむね同じである。しかし表1-2下段〈地域別〉に示されているように、約30%の機械貿易はアジア内で行われている。機械製品の最終財及び

10 第Ⅰ部 生産ネットワークの安定性・頑健性

図1-2 日本の輸出額

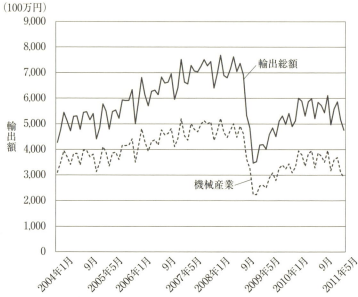

出所：Okubo et al.（2014）より転載。

図1-3 国（輸出先）×製品数の推移

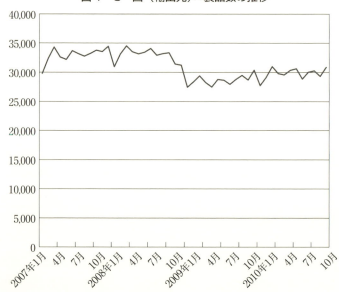

出所：Okubo et al.（2014）より転載。

表 1-2　機械産業における退出、再参入の数

〈全体〉

	部品	最終財	全体
全製品	13,760	11,788	25,548
退出	5,411	6,741	12,152
再参入	3,515	4,023	7,538

〈地域別〉

	アジア	中東	東欧	西欧	北米	南米	アフリカ	オセアニア	計
機械産業									
全製品	9,051	1,970	1,536	5,888	1,431	2,951	1,602	1,119	25,548
退出	3,264	1,104	1,024	2,869	414	1,824	1,061	592	12,152
再参入	2,252	658	564	1,792	254	1,056	588	374	7,538
部品									
全部品	4,744	1,054	865	3,352	731	1,662	818	534	13,760
退出	1,218	484	513	1,397	133	878	540	248	5,411
再参入	837	324	305	935	92	542	323	157	3,515
最終財									
全最終財	4,307	916	671	2,536	700	1,289	784	585	11,788
退出	2,046	620	511	1,472	281	946	521	344	6,741
再参入	1,415	334	259	857	162	514	265	217	4,023

注：「全製品」は 2008 年 9 月時点での取引。
　　「退出」は 2008 年 10 月以降取引をやめた財の数、「再参入」は退出後に再び輸出を始めた数。
出所：Okubo et al.（2014）より転載。

部品の貿易がアジアで活発なのは、生産ネットワーク・フラグメンテーションによるものである。さらに表1-3では退出及び再参入の確率を示している。最終財と部品は対照的な結果である。表1-3の上段に示されているように、部品は最終財（退出の確率 0.572、再参入の確率 0.597）に比べて退出の確率が低く（0.393）、再参入の確率が高い（0.65）。他方で、輸出先に目を向けると（表1-3中段〈地域別〉）、アジア地域は北米を除く他の地域に比べて、低い退出率（0.361）と高い再参入率（0.69）であることがわかる。さらに表1-3下段の〈地域別部品〉及び〈地域別最終財〉に示されているように、アジアにおいては中間財と最終財ともに非常に低い退出率を示している（中間財：0.257、最終財：0.475）。

また表1-3の各表では、取引期間別でも示されている。興味深いことに、継続取引期間が半年以内の製品はほぼすべて退出している（0.9から1）。取引期間が延びるほど退出の確率は低くなる。3年以上の製品は 0.1 から 0.2 程度の退出率しかない。特に、アジアにおける部品貿易の退出率は 0.065 である。再参入に目を向けると、3年以下の製品について取引期間が長くなるほどに再参入の確率も高くなるということが示されている。3年以上のほとんどは、再参入の確率は 0.8 から 0.9 である。このように、世界金融危機は日本の輸出の額も国×製品の数も大きく減少させた。しかし一方で、アジアの貿易に関しては退出の起こる確率はおおむね低い。

4.2 「退出・再参入ダイアグラム」

機械製品の退出及び再参入についてより詳細な分析を行う。ここで焦点となるのは、金融危機の期間中に退出した国×製品はその後、取引を再開したのかどうかということである。図1-4は「退出・再参入ダイアグラム」を示している。すべての機械製品が図1-4(1)にプロットされている。それぞれの点が9桁レベルの機械製品を表している。座標軸は2008年10月から2009年10月における各製品の退出（水平軸）及び再参入（垂直軸）の輸出目的地の数である。なお、このダイアグラムには2008年9月時点で輸出があったものだけが含まれており、新規参入は除外されていることに注意されたい[8]。

45度線上の点は、輸出目的地の数が危機前後で変わらないということを示しており、仮に退出が起きてもまた再参入が起きているということを示している。45度線より下にある点は退出後に再参入が起きにくい製品であることを表している。データをプロットした結果、輸出目的地数が少ない財ほど45度線上に近く、目的地が多くなるにつれて45度線の遥か下方にあることがわかる。つまり、危機前に輸出目的地が少なかったものはより復活しやすい傾向にあることを意味している。逆に、目的地の数が多い財に関しては危機後その数を大きく減少させた。

　この「退出・再参入ダイアグラム」を使うことで、より多くの特徴を見て取れる。産業ごとに分類した図1-4(2) を見ると、いくつかの一般機械は45度線の下方にある一方、輸送機械は45度線近くにある。しかしながら、産業に特有なはっきりした特徴はないように思われる。次に製品工程、つまり最終製品か部品かで分類したものが図1-4(3) に示されている。部品は最終製品に比べてわずかに45度線に近いことがわかる。これは部品の方が最終財よりも退出後に再参入がより活発に行われていたことを意味している。

　最後に、製品を継続取引期間によって細かく分類したものを図1-4(4) に示す。それぞれの製品は退出前の取引期間に応じて5つのグループに分けられている。取引期間が長い製品は45度線に近く、短い製品は45度線の下方に位置することがわかる。取引期間の長い製品は再参入する傾向が強く、短い製品は退出後の再参入が難しいということを表している。

---

(8)　新規参入はそれほど大きくはない。詳細については本章の第7節を参照されたい。

表1-3 機械産業における取引期間別の退出、再参入確率

〈部品と最終財〉

取引期間	退出		再参入	
	部品	最終財	部品	最終財
計	0.393	0.572	0.650	0.597
1～6カ月	0.936	0.951	0.525	0.469
6～12カ月	0.803	0.793	0.691	0.643
1～2年	0.501	0.688	0.758	0.695
2～3年	0.499	0.553	0.838	0.778
3年以上	0.105	0.212	0.821	0.780

〈地域別〉

	輸出先	アジア	中東	東欧	西欧	北米	南米	アフリカ	オセアニア
退出	計	0.361	0.560	0.667	0.487	0.289	0.618	0.662	0.529
	1～6カ月	0.923	0.932	0.980	0.944	0.948	0.970	0.938	0.947
	6～12カ月	0.768	0.781	0.861	0.773	0.694	0.855	0.848	0.797
	1～2年	0.496	0.629	0.647	0.639	0.554	0.649	0.701	0.618
	2～3年	0.471	0.444	0.655	0.585	0.487	0.561	0.554	0.474
	3年以上	0.101	0.166	0.230	0.189	0.097	0.216	0.190	0.172
再参入	計	0.690	0.596	0.551	0.625	0.614	0.579	0.554	0.632
	1～6カ月	0.549	0.474	0.417	0.522	0.564	0.442	0.456	0.477
	6～12カ月	0.734	0.689	0.559	0.649	0.574	0.619	0.604	0.791
	1～2年	0.805	0.672	0.667	0.667	0.597	0.751	0.713	0.730
	2～3年	0.864	0.791	0.756	0.782	0.684	0.802	0.804	0.778
	3年以上	0.832	0.851	0.857	0.758	0.722	0.806	0.709	0.860

〈地域別部品〉

取引期間	輸出先	アジア	中東	東欧	西欧	北米	南米	アフリカ	オセアニア
退出	計	0.257	0.459	0.593	0.417	0.182	0.528	0.660	0.464
	1~6カ月	0.915	0.930	0.984	0.931	0.907	0.958	0.918	0.951
	6~12カ月	0.796	0.761	0.824	0.791	0.656	0.837	0.848	0.797
	1~2年	0.385	0.549	0.516	0.579	0.419	0.575	0.705	0.561
	2~3年	0.446	0.298	0.638	0.551	0.500	0.532	0.647	0.538
	3年以上	0.065	0.096	0.167	0.153	0.054	0.155	0.158	0.102
再参入	計	0.687	0.669	0.595	0.669	0.692	0.617	0.598	0.633
	1~6カ月	0.522	0.562	0.502	0.558	0.694	0.484	0.502	0.489
	6~12カ月	0.725	0.744	0.574	0.722	0.524	0.682	0.615	0.851
	1~2年	0.824	0.758	0.625	0.710	0.692	0.776	0.806	0.783
	2~3年	0.908	0.960	0.886	0.750	0.667	0.800	0.955	0.643
	3年以上	0.823	0.886	0.813	0.808	0.806	0.839	0.778	0.852

〈地域別最終財〉

取引期間	輸出先	アジア	中東	東欧	西欧	北米	南米	アフリカ	オセアニア
退出	計	0.475	0.677	0.762	0.580	0.401	0.734	0.665	0.588
	1~6カ月	0.928	0.933	0.976	0.955	0.966	0.981	0.959	0.944
	6~12カ月	0.755	0.799	0.906	0.757	0.712	0.870	0.848	0.797
	1~2年	0.625	0.720	0.819	0.711	0.695	0.750	0.698	0.656
	2~3年	0.490	0.627	0.680	0.626	0.481	0.589	0.507	0.419
	3年以上	0.157	0.285	0.339	0.252	0.153	0.342	0.222	0.251
再参入	計	0.692	0.539	0.507	0.582	0.577	0.543	0.509	0.631
	1~6カ月	0.565	0.401	0.332	0.490	0.509	0.402	0.408	0.467
	6~12カ月	0.738	0.645	0.542	0.582	0.596	0.570	0.589	0.746
	1~2年	0.792	0.597	0.701	0.624	0.537	0.725	0.617	0.700
	2~3年	0.833	0.690	0.588	0.816	0.692	0.804	0.706	0.923
	3年以上	0.837	0.831	0.895	0.705	0.682	0.775	0.660	0.864

注：年月は退出前までの連続取引期間。
出所：Okubo et al. (2014) より転載。

16　第Ⅰ部　生産ネットワークの安定性・頑健性

図1-4　退出・再参入ダイアグラム

(1) 全機械産業

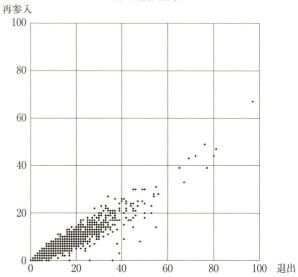

(2) 産業別5つの機械産業

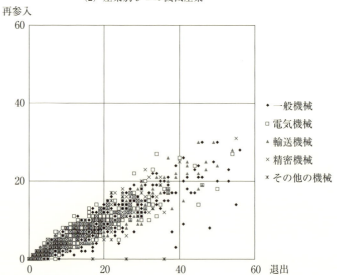

(3) 部品と最終財別

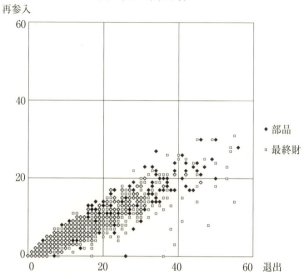

(4) 取引期間別

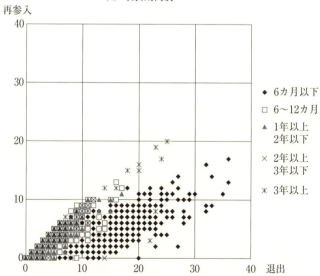

注：各点は1機械製品を示し、軸は輸出相手先国の数を示す。
出所：Okubo et al.（2014）より転載。

5 サバイバル分析

国×製品データを用いて、日本の機械製品輸出についてサバイバル分析を行う。

5.1 Kaplan-Meier 推定

まず単純なサバイバル分析から始める。Kaplan-Meier 推定によるサバイバル関数 $S(t)$ は以下のように与えられる。

$$S(t) = \Pi_{t_j < t} \frac{n_j - d_j}{n_j}$$

n_j は t_j カ月存続した国×製品の数、d_j は t_j に取引がなくなった国×製品の数を示している。図1-5は退出に関する結果である。サバイバルレートは対アジアの部品貿易が常に最も高い。これらのレートの差は時間が経つごとに大きくなり、アジアの部品貿易は他を大きく引き離して高い。図1-6は再参入の結果である。推定された failure curve は右上がりで、対アジアの部品と最終財が他に比べて高い。これはアジアの部品と最終財貿易は再開する確率が全期間を通じて常に高いということを示している。

5.2 Cox 比例ハザードモデル

次に、Cox 比例ハザードモデルを推定する。退出及び再参入は国や製品の特性からも多分に影響を大きく受けるだろう。こうした要因を用いて回帰する。一般的に、イベント（退出または再参入）が時間 $T = t_j$ $(j = 1, 2, 3 \ldots n)$ に起こることに関して確率密度関数 $p(t_j) = \Pr(T = t_j)$ で以下のように定義できる。

$$S(t) = \Pr(T > t) = \sum_{t_j > t} p(t_j)$$

またハザード関数は

$$h(t_j) = \Pr(T = t_j | T \geq t_j) = \frac{p(t_j)}{S(t_{j-1})}$$

と定義される。ハザード関数とサバイバル関数には以下の関係がある。

図1-5 退出

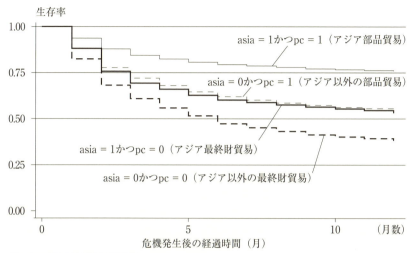

注：time 0 は 2008 年 10 月時点。
　　asia：アジアダミー（アジア以外との貿易は 0、アジアとの貿易は 1）。
　　pc：部品ダミー（最終財貿易なら 0、部品貿易なら 1）。
出所：Okubo et al.（2014）より転載。

図1-6 再参入

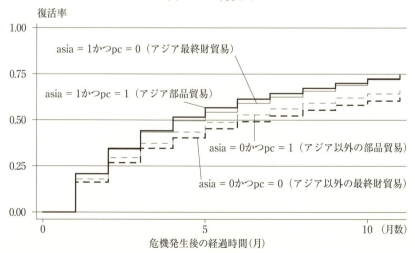

注：図1-5の注を参照。
出所：Okubo et al.（2014）より転載。

$$S(t_j) = \Pi_{t_j < t}\,(1 - h\,(t_j))$$

国 × 製品に関するハザードレートは

$$h\,(t|X_i) = h_0\,(t)\exp\,(X_i\beta)$$

で与えられる。X_i は国 × 製品の変数、β は係数を表している。ハザードレートの基準値は $h_0(t)$ で与えられる。Exponential 部分はハザードレートに対する変数の限界的変化として解釈できる。係数が正である場合、ハザードレートは 1 より大きく、イベントが起きやすくなる。つまり、退出の場合、退出しやすくなる。国 × 製品の変数 X_i は輸出先の GDP、距離、財の単価、取引期間、部品貿易ダミー、アジア向け貿易ダミー、アジア向け部品貿易ダミーである。取引期間は退出前までの連続取引継続期間（月）として定義される。取引期間が長いほど貿易が継続しやすいものと思われる。各製品の単位価格は製品の品質を表し、「貿易と品質」に関する先行研究でよく用いられるものである。単価が高いほど、製品の品質が高いものと解釈できる。より品質の高い製品は一般的により遠くの目的地にまで貿易されることが知られている（Alchian-Allen 効果）（Alchian and Allen, 1964; Hummels and Skiba, 2004 を参照）。

6 推計結果

6.1 退出

表1-4は退出に関する推計結果である。(1) と (2) に示されているように、GDP は有意に負であり、距離は有意に正である。より大きな市場に輸出している場合、退出が少ないことがわかる。たとえ危機が深刻なものであったとしても、より大きな市場では需要が大きいため取引が継続される傾向にあり、日本に近い市場ほど取引は継続する傾向にある。これは距離が近ければ情報の非対称性が低くなり、契約の締結や継続がされやすくなると解釈できる。取引期間は有意に負である。取引期間がより長いと関係が維持される傾向にある。ここで注目すべきなのは、アジア貿易と部品貿易のダミーがどちらの回帰も有意に負であるという点である。これはアジア向け輸出と部品貿

表1-4 推計結果（退出）

	(1)	(2)	(3)	(4)
部品ダミー	−0.2273			
	[−6.07]***			
アジアダミー		−0.1514	−0.3225	−0.4160
		[−2.25]**	[−3.29]***	[−5.06]***
アジア部品ダミー	−0.3665	−0.4799		
	[−5.36]***	[−7.10]***		
GDP	−0.0379	−0.0405	−0.0587	−0.0503
	[−4.18]***	[−4.43]***	[−4.00]***	[−4.19]***
距離	0.2574	0.1001	0.2293	0.0428
	[7.40]***	[2.00]**	[2.89]***	[0.66]
取引期間	−0.0459	−0.0462	−0.0514	−0.0399
	[−59.01]***	[−59.56]***	[−43.62]***	[−38.71]***
単価	0.0280	0.0407	0.0959	−0.0148
	[4.17]***	[6.33]***	[8.18]***	[−1.74]*
サンプル数	12,7850	127,850	77,762	50,088
chi2	5007.23	4975.29	2866.03	1937.72
p値	0	0	0	0
データサンプル	全製品	全製品	部品のみ	最終財のみ

注：各推計では月ダミーを入れているが掲載省略。
　　***は1％有意，**は5％有意，*は10％有意。[　]内の数値はz値。
出所：Okubo et al. (2014) より転載。

易が，ハザードレートを減少させ退出しにくくなっているということを意味している。

　次に単価の影響をより明らかにするため，部品と最終財にサンプルを分けて推計した。(3)と(4)が推計結果である。単価に関しては全く正反対の結果である。(3)の部品貿易では有意に正である。これはおそらく，単価が部品の品質を正しく反映できていないためかもしれないし，あるいは部品価格が製品の品質よりもどの生産工程にあるかを反映しているためかもしれない。反対に，(4)の最終財貿易では係数は有意に負である。品質の高い製品が退出しない一方で，品質の低い製品は退出しやすい傾向にある。これは，最終財では貿易と品質に関するAlchian-Allen効果に従うと解釈できる。

6.2 再参入

次に表1-5は再参入に関する推計結果である。国×製品が取引を再開したか、取引停止のままであるのかを分析するため、国×製品のデータサンプルは2008年10月以降に退出したものに限っている。(1)と(2)に示されているとおり、GDPは有意に正であり、距離は負である。取引期間は有意に正である。大きな市場への輸出は比較的早く再開する傾向にあり、また日本から近い市場の場合も取引を再開しやすい。たとえ危機が深刻なものであったとしても、長期間の取引関係にあり、大きな市場で地理的に近い市場ほど、取引が回復しやすい。重要なことは、我々の議論の中心であるアジアと部品のダミーが正に有意である、ということである。これはアジア向けの輸出、特にアジアへの部品輸出において、退出したとしても再参入する傾向が強いということを意味している。さらに(1)と(2)では単価が有意ではない。単価についてより詳細に分析するため、サンプルを部品と最終財に分けた。(3)と(4)はその推計結果を示している。単価は部品について有意に負である一方、最終財については有意に正である。低価格の部品は、より市場へ再参入する傾向にある一方、最終財は高価格のものが、市場に再参入する傾向にある。この結果は退出のケース（表1-4）と似ている。このようにアジアと部品貿易は退出が少なく退出したとしても再参入しやすい傾向にある。アジアの機械貿易は長期的な取引関係に基づいており、フラグメンテーションが危機に対して非常に強い耐性を持っているということを意味している[9]。

7 さらなる分析——新規参入

最後に国×製品レベルでの新規参入を分析する。新規参入は2008年9月時点では貿易がなされていなかったもので、2008年10月から2009年10月

---

[9] 頑健性チェックとしてCox-Snell残差によりモデルの当てはまり具合を分析した。この手法によれば、推計モデルが適切であれば、累積したハザードレートと残差の点は対角線に沿って真っ直ぐになるはずである。ここでは図示しないが、結果的にすべての推定における点は退出のケースでも再参入のケースでもほぼ45度線上であった。この結果からCox比例ハザードモデルを使うことに大きな問題はないと言える。

表1-5　推計結果（再参入）

	(1)	(2)	(3)	(4)
部品ダミー	0.1466 [5.74]***			
アジアダミー		0.1950 [4.17]***	0.3575 [5.26]***	0.1986 [3.54]***
アジア部品ダミー	0.0987 [1.94]*	0.1337 [2.67]***		
GDP	0.1121 [18.05]***	0.1112 [17.82]***	0.1158 [12.08]***	0.1170 [14.04]***
距離	−0.1775 [−6.96]***	−0.0408 [−1.17]	0.0960 [1.74]*	−0.1334 [−2.95]***
取引期間	0.0219 [25.29]***	0.0221 [25.48]***	0.0205 [15.18]***	0.0224 [19.62]***
単価	0.0043 [0.89]	0.0029 [0.61]	−0.0248 [−2.98]***	0.0212 [3.56]***
サンプル数	97,226	97,226	41,558	55,668
chi2	2949.89006	2923.016131	1316.06878	1724.190141
p値	0	0	0	0
データサンプル	全製品	全製品	部品のみ	最終財のみ

注：各推計では月ダミーを入れているが掲載省略。
　　***は1%有意、**は5%有意、*は10%有意。[　]内の数値はz値。
出所：Okubo et al.（2014）より転載。

の間に貿易が開始されたものである。表1-6は機械産業における、国×製品の新規参入の数である。再参入と退出の場合（表1-2）とは違い、中間財・部品貿易の数は最終製品の数より少ない。退出と参入の場合に見られるように、アジアでは輸出が多いものの、最終製品は他の地域に比べて多い一方、部品貿易は他の地域に比べて少ない。これは、アジアにおける中間財・部品貿易が長期の関係性を維持しているため、新規参入する余地がないと解釈できるだろう。

　次に図1-7は「退出・参入ダイアグラム」である。図1-4の「退出・再参入ダイアグラム」との大きな違いは、新規参入を考慮しているという点である。ここでの「参入」は「再参入」と「新規参入」の合計の輸出相手先数

表1−6　機械産業における世界金融危機後の新規参入の数

部品	最終財	計
17,022	21,075	38,097

	アジア	中東	東欧	西欧	北米	南米	アフリカ	オセアニア
計	7,435	4,211	3,829	7,119	660	6,189	6,324	2,330
部品	2,608	1,923	1,808	3,313	239	2,971	3,059	1,101
最終財	4,827	2,288	2,021	3,806	421	3,218	3,265	1,229

出所：Okubo et al.（2014）より転載。

である。図1−7−1のように図1−4と比べると若干ではあるもののより多くの製品が45度線の上にあることがわかる。これは、若干ではあるがいくつかの製品は新規参入を通じて輸出先を増やしたということを示している。図1−7−2からわかるように部品は最終製品の上に位置するという傾向がある。このことから、世界金融危機後に部品貿易は微増したと言うことができる。さらに表1−7は推計結果であり、再参入の場合（表1−5）とよく似ている。しかし、アジアの部品貿易やアジアのダミー係数は、新規参入の方が小さい。これらのことから、アジアの中間財・部品貿易は長期の関係性を維持する傾向にあるため、新規参入の数はあるもののそれほど大きくはないと結論づけることができる。

8　まとめ──アジアのフラグメンテーションと中間財・部品貿易

　本章の結果は先行研究であるObashi（2011, chap.3）とAndo and Kimura（2012）の実証結果と極めて整合的である。アジアとの貿易、特に部品貿易は非常に耐久性が高く、さまざまな危機であっても取引が継続するか、あるいは他の製品よりも素早く貿易を回復させている。

　このような結果をいくつかの視点で解釈することができる。まず、取引ネットワークは、簡単に他に代替することができないことが知られている（Antràs, 2003; Rauch and Watson, 2004）。長期的な取引関係が築かれるためである。アジアでは、慣習や文化、言語の多様性が非常に高いため、ビジネスでの密な関係を作るには時間を要する。しかし一度関係が築かれると、新たな

図 1-7-1　退出・参入ダイアグラム（全機械産業）

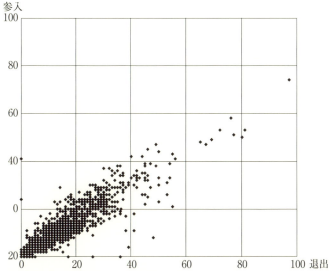

注：各点は1機械製品を示し、軸は輸出相手先国の数を示す。
出所：Okubo et al.（2014）より転載。

図 1-7-2　退出・参入ダイアグラム（部品と最終財別）

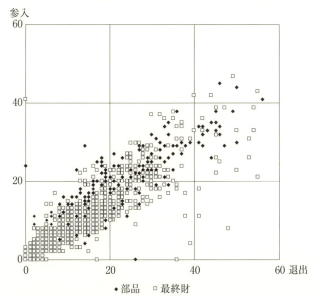

出所：Okubo et al.（2014）より転載。

表 1-7　推計結果（新規参入）

	(1)	(2)	(3)	(4)
部品ダミー	0.0588			
	[5.38]***			
アジアダミー		0.1033	0.1234	0.1086
		[4.90]***	[4.06]***	[4.31]***
アジア部品ダミー	0.0402	0.0338		
	[1.69]*	[1.38]		
GDP	0.0905	0.0900	0.0992	0.0889
	[35.95]***	[35.66]***	[26.20]***	[26.42]***
距離	−0.0935	−0.0269	0.0135	−0.0625
	[−7.69]***	[−1.65]*	[0.53]	[−2.92]***
単価	0.0167	0.0136	−0.0213	0.0057
	[5.26]***	[4.33]***	[−5.59]***	[2.19]**
サンプル数	242,095	242,095	107,180	132,982
chi2	3081.533193	3076.514685	1437.465214	1690.366266
p 値	0	0	0	0
データサンプル	全製品	全製品	部品のみ	最終財のみ

注：各推計では月ダミーを入れているが掲載省略。
　　***は1％有意、**は5％有意、*は10％有意。［　］はz値。
出所：Okubo et al.（2014）より転載。

取引関係を作るよりも既存の取引関係を優先し維持する方を選択する傾向にある。言い換えれば、国を跨いだ生産ネットワークを築くためのサンクコストが非常に高いため取引をやめる場合、費用が高くついてしまうのである。

　もう1つの解釈としては、輸出による学習効果とロックイン効果である。ある製品が一度ある目的地に輸出されると、その輸出をすることでノウハウが蓄積され、貿易が維持される。つまり、取引関係がロックインされ貿易が長く続く。

　最後に、機械産業の生産ネットワークはスピード重視で頻繁に取引される。アジアにおける機械産業の生産ネットワークは精緻でありまた複雑である。供給チェーンの一部が寸断すれば、生産ネットワーク全体が止まる可能性もあるため、多くの企業は生産システムを維持したり、または早急に回復させようと努めるのである。

参考文献

Ahn, Jae Bin, Mary Amiti and David E. Weinstein (2011) "Trade Finance and the Great Trade Collapse," *American Economic Review*, Papers & Proceedings, 101(3): 298-302.

Alchian, Armen A. and William R. Allen (1964) *University Economics*, Belmont, CA: Wadsworth.

Amiti, Mary and David E. Weinstein (2011) "Exports and Financial Shocks," *Quarterly Journal of Economics*, 126: 1841-1877.

Ando, Mitsuyo and Fukunari Kimura (2005) "The Formation of International Production and Distribution Networks in East Asia. In International Trade," NBER-East Asia seminar on economics, Vol. 14, T. Ito and A. Rose (eds.), Chicago: The University of Chicago Press, First version, NBER Working Paper, 10167.

Ando, Mitsuyo and Fukunari Kimura (2012) "How Did the Japanese Exports Respond to Two Crises in the International Production Networks? The Global Financial Crisis and the East Japan Earthquake," *Asian Economic Journal*, 26(3): 261-287.

Antràs, Pol (2003) "Firms, Contracts, and Trade Structure," *Quarterly Journal of Economics*, 118 (4): 1375-1418.

Athukorala, Prema-chandra and Nobuaki Yamashita (2006) "Production Fragmentation and Trade Integration: East Asia in a Global Context," *The North American Journal of Economics and Finance*, 17(3): 233-256.

Baldwin, Richard E. and Toshihiro Okubo (2014) "Networked FDI: Sales and Sourcing Patterns of Japanese Foreign Affiliates," *The World Economy*, 37(8): 1051-1080.

Baldwin, Richard and Simon J. Evenett (2009) The Collapse of Global Trade, Murky Protectionism, and the Crisis: Recommendations for the G20, E-book, VoxEU. org.

Bems, Rudolfs, Robert C. Johnson and Kei-Mu Yi (2011) "Vertical Linkages and the Collapse of Global Trade," *American Economic Review*, Papers & Proceedings, 101(3): 308-312.

Besedeš, Tibor (2008) "A Search Cost Perspective on Formation and Duration of Trade," *Review of International Economics*, 16(5): 835-849.

Besedeš, Tibor and Thomas J. Prusa (2006) "Ins, Outs and the Duration of Trade," *Canadian Journal of Economics*, 39: 266-295.

Fukao, Kyoji and Toshihiro Okubo (2011) "Why Has the Border Effect in the Japanese Machinery Sectors Declined? The Role of Business Networks in East Asian-machinery Trade," *Journal of Economic Integration*, 26(4): 651-671.

Haddad, Mona, Ann Harrison and Catherine Hausman (2010) "Decomposing the Great Trade Collapse: Products, Prices, and Quantities in the 2008-2009 Crisis," *NBER Working Paper*, 16253.

Hummels, David and Alexandre Skiba (2004) "Shipping the Good Apples Out? An Empirical Confirmation of the Alchian-Allen Conjecture," *Journal of Political Economy*, 112(6): 1384-1402.

Jones, Ronald W. and Henryk Kierzkowski (1990) "The Role of Service in Production and International Trade: A Theoretical Framework," in *The Political Economy of International Trade: Essays in Honor of Robert E. Baldwin*, R. W. Jones and A. O. Krueger (eds.), Oxford:

Basil Blackwell.

Jones, Ronald, Henryk Kierzkowski and Chen Lurong (2005) "What Does Evidence Tell Us about Fragmentation and Outsourcing?" *International Review of Economics & Finance*, 14 (3): 305-316.

Kimura, Fukunari and Mitsuyo Ando (2005) "Two-dimensional Fragmentation in East Asia: Conceptual Framework and Empirics," *International Review of Economics & Finance*, 14 (3): 317-348.

Levchenko, Andrei, Logan Lewis and Linda Tesar (2010) "The Collapse of International Trade during the 2008-2009 Crisis: In Search of the Smoking Gun," *IMF Economic Review*, 58 (2): 214-253.

Levchenko, Andrei A., Logan T. Lewis and Linda Tesar (2011) "The Collapse in Quality Hypothesis," *American Economic Review*, Papers & Proceedings, 101 (3): 293-297.

Obashi, Ayako (2010) "Stability of Production Networks in East Asia: Duration and Survival of Trade," *Japan and the World Economy*, 22 (1): 21-30.

Obashi, Ayako (2011) "Resiliency of Production Networks in Asia: Evidence from the Asian Crisis," Studies in Trade and Investment, in *Trade-led Growth: A Sound Strategy for Asia*, Chapter 3, United Nations Economic and Social Commission for Asia and the Pacific (ESCAP).

Okubo, Toshihiro, Fukunari Kimura and Nozomu Teshima (2014) "Asian Fragmentation in the Global Financial Crisis," *International Review of Economics and Finance*, 31: 114-127.

Rauch, James and Joel Watson (2004) "Network Intermediaries in International Trade," *Journal of Economics and Management Strategy*, 13 (1): 69-93.

Tanaka, Kiyoyasu (2009) "Trade Collapse and International Supply Chains: Japanese Evidence," in *The Great Trade Collapse: Causes, Consequences and Prospects*, Richard Baldwin (ed.), VoxEU. org, 2009.

木村福成（2003）「国際貿易理論の新たな潮流と東アジア」『開発金融研究所報』（14）: 106-116、国際協力銀行.

第 2 章
3つの危機と生産ネットワークの頑健性

安藤光代

1 はじめに⑴

　東アジアは、事実上の経済統合（de facto economic integration）という形で経済連携が進んできた地域である⑵。その中で重要な役割を果たしてきたのが、機械産業を中心に広域にわたって張り巡らされてきた国際的な生産・流通ネットワークの発展である⑶。2008年10月に世界金融危機が勃発すると、東アジアにおいてもその影響は大きく、この生産ネットワークの脆弱性に関する懸念が声高に叫ばれるようになった。確かに、欧米市場における需要収縮から始まった世界金融危機の影響は生産ネットワークを下流から上流に遡る形で伝播し、最終的に大きな下落を記録することとなった。また、2011年3月に発生した東日本大震災では、日本における供給網分断のショックが生産ネットワークを上流から下流に駆け下る形で伝わった。さらに、2011年10月に発生したタイでの大洪水もまた、生産ネットワークや日本企業に多大な影響を与えた。
　はたして、生産ネットワークの存在は、そこに参加している経済や企業を脆弱にしているのだろうか。実際には、生産ネットワークは、いずれの危機

⑴　本章は、Ando and Kimura（2012）の分析結果を中心に、安藤（2012）に加筆・修正を加えたものである。
⑵　事実上の経済統合と違い、制度的な経済統合（de jure economic integration）を進めてきた典型例が欧州である。
⑶　生産ネットワークにおける工程間・タスク間の国際分業のメカニズムについては、Jones and Kierzkowski（1990）で提起され、Kimura and Ando（2005）で拡張されたフラグメンテーション理論によって、分析が進んでいる。

に対しても、人々の予想を上回る安定性と回復力を示している。なぜ、生産ネットワークにはそのような安定性や回復力があるのだろうか。本章では、世界金融危機と東日本大震災における日本の輸出という側面を中心に、タイでの大洪水の際の日本企業の対応にも触れながら、危機に直面した生産ネットワークの性質を見ていきたい。

本章の構成は以下のとおりである。次節において、2007年以降の日本の輸出、とりわけ機械輸出に着目し、生産ネットワークという視点からその動向を議論する。第2節では、細品目レベルでの輸出データを用いて、世界金融危機および東日本大震災に際し日本の機械輸出がどのような要因で変化したのか、また、その取引関係にどのような特徴が見られるかを検証することで、生産ネットワークの性質を議論する。具体的には、まず輸出額の変化を4つの効果に分解し、取引関係の特徴を探る。次に、ロジット分析やサバイバル分析を用いて輸出の下落や復活の確率およびそのタイミングを検証して、取引関係の特徴の把握を試みる。第3節では、第2節での分析の補完として、JETROのアンケート調査の結果を用いて、タイでの大洪水に直面した日本企業の対応という側面から生産ネットワークの性質を議論し、第4節で本章を締めくくる。

2 2つの危機と日本の輸出動向

本節では、世界金融危機や東日本大震災に直面した日本の輸出動向の特徴を見ていく。図2-1(a) は、2007年以降の日本の実質輸出額（輸出物価指数で実質化し、ドルベースで示したもの）を表したものである。ここでは、生産ネットワークの中心となっている機械産業に焦点を当てるため、機械部品・中間財、機械完成品、その他（機械以外）を区別して図示している。また、機械完成品を、自動車とそれ以外に分けて図示したのが図2-1(b) である。図2-1を見れば、輸出全般の傾向として、2008年10月から2009年12月にかけて世界金融危機による影響が、2011年3月から同年6月にかけて東日本大震災による負の影響が顕著であるとともに、前者の落ち込みの方が後者の落ち込みよりも大きいことがわかる[4]。また、興味深いことに、どち

第 2 章 3 つの危機と生産ネットワークの頑健性 31

図 2-1 日本の実質輸出の動向

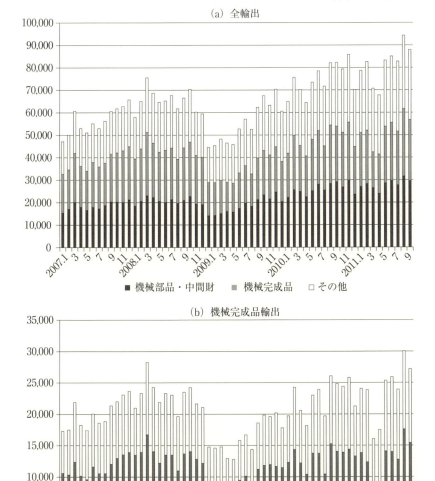

注：機械部品・中間財の定義については、Ando and Kimura（2012）を参照のこと。機械完成品は、機械全体から機械部品・中間財を除いたものである。
出所：財務省の貿易統計および日本銀行の為替レートと企業物価指数をもとに筆者作成。

らの危機においてもいったん落ち込んだ後の回復が早い。とりわけ東日本震災後の復活は迅速である。

東アジアの生産ネットワークの核となっている機械産業においても、2つの危機に直面し、その輸出の落ち込みは大きい。とりわけ機械完成品、その中でも自動車の輸出の落ち込みは著しく、東日本大震災時には世界金融危機の水準を下回るほどにまで輸出が減少した（図2−1(b)）。しかし、ここで注目すべきは、輸出全般の傾向と同様、これらの輸出の回復の早さである（図2−1）。

機械部品・中間財の場合、6割ほどが東アジア向けである（表2−1）。東アジア向け部品輸出額は、2009年時点ですら、2008年よりは減少したものの2007年の水準を上回り、2010年には3年前の5割増しで、対世界輸出に占める割合も若干ではあるが増加している。また、機械完成品に関しては、その輸出先として欧米が依然として重要な市場ではあるものの、東アジアへの輸出額は2010年までの3年間で5割以上増加し、対世界輸出に占める割合も、2007年の2割強から2010年には3割へと拡大している。中でも自動車に限ると、輸出額が3年間で2倍に、対世界比率も7％から14％へと2倍になっている。このような東アジア向け輸出パターンとは異なり、米国や欧州への機械部品輸出は3年間で1割増にとどまり、完成品輸出にいたっては2010年時点でもまだ2007年の水準を回復していない。これらすべての事実から、東アジアが急速な機械輸出の回復に大きく寄与したと示唆されるとともに、東アジアが、生産地としてのみならず、最終消費地としての重要性を増していると言えよう[5]。

このように2つの危機後も日本の輸出は順調に回復したが、ここで考慮すべきは、世界金融危機をきっかけに、日本企業がどこで何を生産するかという生産体制を大きく変化させた可能性である。図2−2は、日本の輸出品目

---

(4) 後出の図2−3は、製造業における鉱工業指数を示したものである。輸出と同様、生産面から見ても、世界金融危機の際の落ち込みの方が、東日本大震災のそれよりも大きい。
(5) 他の東アジア諸国の輸出・輸入の動向を見ても、東アジア各国の機械貿易において世界金融危機からの回復を牽引したのは東アジア地域であることがわかる。東アジア各国における機械貿易の動向については、Ando（2010）を参照のこと。

表2-1 日本の地域別実質輸出

	輸出額（2007年=1）				対世界輸出に占める割合（%）			
	2007	2008	2009	2010	2007	2008	2009	2010
全製品								
東アジア	1.00	1.18	1.09	1.53	47	48	53	54
米国	1.00	1.01	0.78	1.01	20	18	16	15
欧州	1.00	1.10	0.82	1.00	15	14	12	11
世界	1.00	1.16	0.97	1.31	100	100	100	100
機械部品・中間財								
東アジア	1.00	1.13	1.06	1.54	56	56	59	62
米国	1.00	1.04	0.85	1.13	18	17	16	15
欧州	1.00	1.11	0.83	1.13	15	15	13	13
世界	1.00	1.11	0.99	1.38	100	100	100	100
機械完成品								
東アジア	1.00	1.19	1.02	1.55	22	23	28	30
米国	1.00	0.97	0.66	0.86	29	24	23	22
欧州	1.00	1.06	0.69	0.78	18	16	15	12
世界	1.00	1.15	0.81	1.12	100	100	100	100
完成車のみ								
東アジア	1.00	1.38	1.20	2.00	7	8	12	14
米国	1.00	0.96	0.64	0.86	37	31	34	31
欧州	1.00	1.01	0.62	0.76	17	15	15	12
世界	1.00	1.14	0.70	1.02	100	100	100	100

注：輸出額はドルベースで実質化したものである。
出所：Ando and Kimura（2012）．

別（HS分類の9桁ベース）かつ仕向地別の輸出項目数を、2007年1月を基準として示したものである[6]。これを見ると、世界金融危機をきっかけに項目数が大幅に減少し、その後上昇してはいるものの、世界金融危機以前の水準には戻っていない。また、東アジアへの輸出に限ってみても、世界向け輸出ほどではないものの、同じようなパターンが見てとれる。したがって、世界金融危機だけが要因ではないとしても、世界金融危機を契機に、選択と集中による生産体制の再編成が起きたと考えられる。

なお、本節の冒頭で、日本の輸出全般の動向として、世界金融危機による落ち込みの方が東日本大震災による落ち込みよりも大きく、また、下落後の

---

[6] 例えば対世界輸出の輸出項目数は、2007年1月時点で66,119である。

34 第Ⅰ部 生産ネットワークの安定性・頑健性

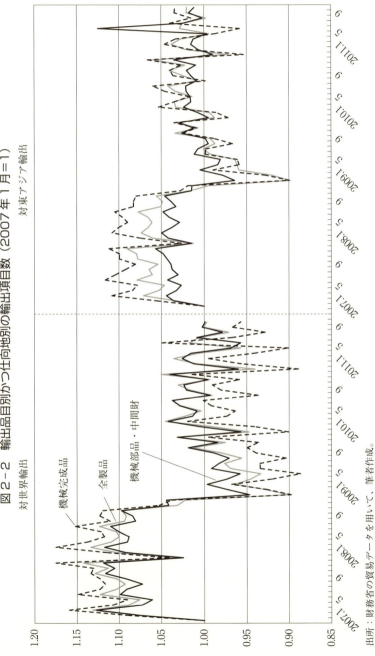

図2-2 輸出品目別かつ仕向地別の輸出項目数（2007年1月＝1）

出所：財務省の貿易データを用いて、筆者作成。

表2-2　農水産品・食料品の輸出項目数（2011年）

	全輸出に占める割合	輸出項目数			
		3月	4月	5月	6月
香港	24%	1.03（1.00）	0.95（1.05）	0.92（1.08）	0.97（1.03）
米国	14%	1.05（1.14）	1.02（1.12）	1.01（1.08）	1.03（1.04）
アセアン10	13%	1.34（1.31）	1.12（1.30）	1.10（1.19）	1.25（1.24）
台湾	13%	0.95（0.90）	0.87（0.96）	0.83（0.95）	0.84（0.90）
中国	11%	1.06（1.04）	0.80（1.04）	0.60（1.03）	0.54（1.06）
韓国	10%	0.95（0.95）	0.98（1.00）	0.65（0.86）	0.81（0.91）
EU27	5%	1.18（1.24）	0.63（1.33）	0.95（1.15）	1.02（1.00）
中東	2%	1.76（1.57）	0.59（1.35）	0.65（1.61）	0.78（1.37）

注：輸出項目数は2007年1月を基準といて指数化したものである。（　）内の値は2010年の数値であり、全輸出に占める各国・地域の割合は2010年のデータに基づいている。
出所：財務省の貿易統計。

　回復は世界金融危機よりも東日本大震災後の方がはるかに迅速だと述べたが、留意すべきことが2点ある。第1に、供給ショックである東日本大震災の場合、その影響は被災地域とその他の地域とでは大きく異なる。既述したとおり、輸出面から見ても生産面から見ても、世界金融危機の際の落ち込みの方が、東日本大震災のそれよりも大きいのは事実である（図2-1および図2-3）。ただし、製造業と鉱業を対象とした鉱工業指数を示した図2-4からわかるように、被災地域での生産の落ち込みは東日本大震災の影響の方がはるかに大きい。

　第2に、東日本大震災の際には、地震そのもののみならず、津波による原発事故に伴う放射能汚染の問題が、日本の農水産品・食料品輸出に甚大な影響を与えている。多くの国が、日本産の農水産品・食料品に対し、放射性物質の検査証明書や産地証明書の提出義務、輸入側でのサンプル検査、輸入禁止など、さまざまな形で安全性検査や規制を導入したのである。その結果、とりわけ2011年4月から6月にかけて、農水産品・食料品の輸出項目数（輸出品目別かつ仕向地別）が大幅に減少した。表2-2は、2007年1月を基準とした輸出項目数とともに、前年同月比の項目数を示したものであるが、これらの値から、特に中国、韓国、EU、中東で、その減少幅が著しいことが確認できるだろう。

36　第Ⅰ部　生産ネットワークの安定性・頑健性

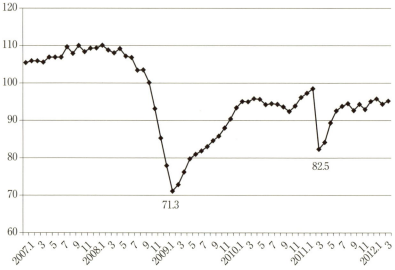

図2-3　鉱工業指数：製造業のみ（2005年＝100）

出所：経済産業省の鉱工業指数をもとに筆者作成。

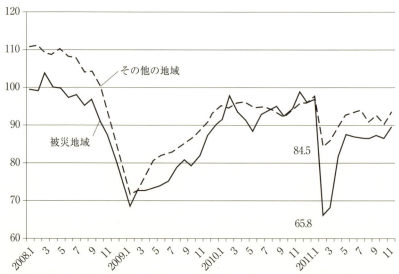

図2-4　鉱工業指数：被災地域と被災地以外（2005年＝100）

出所：経済産業省の産業活動分析「震災に係る地域別鉱工業指数でみる23年の鉱工業生産」28頁。

3　2つの危機に直面した生産ネットワークの特徴

　本節では、日本の輸出面から、2つの危機に直面した生産ネットワークの性質の把握を試みる。まず3.1項において、Haddad et al.（2010）の手法を用いて、2つの危機の際の日本の輸出の変化を4つの効果に分解してその特徴を分析する。続く3.2項では、機械輸出に焦点を当て、ロジット分析を用いて輸出における取引関係の特徴を、3.3項では、サバイバル分析を用いて輸出復活の確率とそのタイミングの特徴を検証する。

3.1　輸出額の変化とその要因分解

　本項では、日本の細品目レベルであるHS分類9桁レベルの輸出品目別かつ仕向地別の輸出項目の輸出額・輸出量を使い、Haddad et al.（2010）の手法を用いて輸出額の変化を4つの効果に分解する。具体的には、以下の式に基づき、$t-1$期からt期における輸出額の変化率（下降期／回復期の変化率）（左辺）を、数量効果（右辺第1項）、価格効果（右辺第2項）、参入効果（右辺第3項）、退出効果（右辺第4項）に分解する[7]。

$$\frac{dv_t}{v_{t-1}} = \frac{\sum_{c=1}^{C} \frac{p_t^c + p_{t-1}^c}{2} \Delta q_t^c}{v_{t-1}} + \frac{\sum_{c=1}^{C} \Delta p_t^c \frac{q_t^c + q_{t-1}^c}{2}}{v_{t-1}} + \frac{\sum_{n=1}^{N} p_t^n q_t^n}{v_{t-1}} - \frac{\sum_{x=1}^{X} p_{t-1}^x q_{t-1}^x}{v_{t-1}}$$

$$(I = C + N + X)$$

ここでv_tはt期における輸出額を、p_t^i、q_t^iはt期における輸出項目i（輸出品目別かつ仕向地別）の価格と数量を、Iは輸出項目総数（合計）を表す。また、cは$t-1$期、t期ともに輸出がある輸出項目を、nはt期にのみ輸出がある輸出項目を、xは$t-1$期にのみ輸出がある輸出項目を指し、C、N、Xはそれぞれの輸出項目総数を表す。

　本分析において退出効果とは、$t-1$期に輸出があったもののt期に輸出が

---

[7]　分解方法の詳細については、Haddad et al（2010）やAndo and Kimura（2012）を参照のこと。なお、本分析で用いたデータ出所等については、Ando and Kimura（2012）を見てほしい。

なくなった輸出項目（x）によって全体の輸出が押し下げられた部分を表している。逆に参入効果とは、$t-1$ 期には輸出がなかったが t 期に輸出が生じた輸出項目（n）によって全体の輸出が押し上げられた部分を示している。これらの退出効果と参入効果をあわせて extensive margin と呼ぶ。また、数量効果や価格効果は、$t-1$ 期も t 期も輸出がある輸出項目（c）において数量や価格が変化したことによる輸出額の増減を指し、これらは intensive margin と呼ばれる。

　生産ネットワークの特徴を把握することが目的であるため、本節では、全製品に加え、機械部品・中間財、機械完成品を区別した分析も行う。また、前節で議論したように、機械完成品の中でも自動車の輸出の増減が著しいという事実を踏まえ、自動車のみを対象とした分析も行う。

　図 2-5 は、日本の世界向け輸出と東アジア向け輸出に関して、世界金融危機の際の下降期と回復期の輸出額の変化を、退出効果、参入効果、数量・価格効果にまとめて示したものである[8]。2008 年 10 月（$t-1$ 期）から 2009 年 1 月（t 期）を世界金融危機の（a）下降期、2009 月 1 月（$t-1$ 期）から 10 月（t 期）を（b）回復期とみなし、その時期の変化率を分解しているが、月次データゆえの季節性を考慮し、前年同時期のパターンも並記している。

　図 2-5 から、世界金融危機の下降期において、輸出は 4 割近く減少していることがわかる。季節変動を考慮するため、10 月から翌年 1 月の輸出動向を見ると、例年減少する傾向にあり、例えば前年同時期を見ても 1 割弱減少している。しかし、4 割もの落ち込みは、季節変動を考慮したとしても十分に大きい。とりわけ自動車の輸出においては、5 割を超える落ち込みを見せ、前年同時期の 3% 減と比較しても、下落幅が非常に大きい。

---

[8] 米国向け輸出や欧州向け輸出の分析結果については、Ando and Kimura（2012）を参照のこと。また、本章では煩雑になるのを避けるため、intensive margin である数量効果と価格効果をまとめて数量・価格効果として示している。Ando and Kimura（2012）で議論されているように、下降期の米国や欧州への輸出における価格効果は、一般的な予想に反して（欧米の需要の縮小が危機の発端であるものの）、正であった。その理由として、円の増価に加え、輸出品目の高価格品へのシフトなどが考えられる。Amiti and Weinstein（2011）は、危機の際の企業レベルでの輸出の決定要因として、金融制度の健全性を挙げている。

第2章 3つの危機と生産ネットワークの頑健性　39

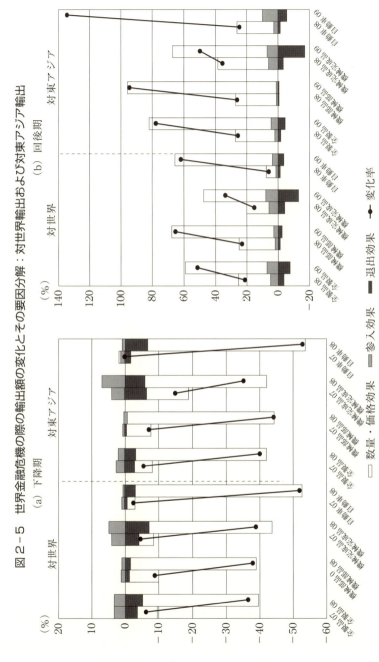

図2-5　世界金融危機の際の輸出額の変化とその要因分解：対世界輸出および対東アジア輸出

注：下降期において、例えば、全製品07（全製品08）は、2008年（2007年）10月から2008年（2009年）1月における全製品輸出の変化を示したものである。同様に、回復期に、全製品08（全製品09）は、2008年（2009年）1月から10月における全製品輸出の変化を示したものである。
出所：Ando and Kimura（2012）をもとに筆者作成。

ここで最も興味深いのは、機械部品・中間財の退出効果（下落幅）が、他の製品と比べても格段に小さいことである。対世界輸出の場合には−1.6%、対東アジア輸出にいたってはさらに小さく−0.7%であり、これは前年同時期の水準とほぼ同じである。したがって、とりわけ東アジアでは intensive margin、特に負の数量効果によって輸出が大幅に減少したものの、このような小さな退出効果は、域内での生産・流通ネットワーク内での部品・中間財の貿易関係の頑健性を示唆している。さらに、回復局面を見ても、下降局面と対照的に、東アジア向け輸出の extensive margin が非常に小さく、正の数量効果が大きいことが確認できる。

　図2−6は、図2−5と同様の分解手法を用いて、東日本大震災以降の日本の世界向け輸出と東アジア向け輸出の分析結果を図示したものである[9]。ここでも、全製品、機械部品・中間財、機械完成品、自動車の分析を行っているが、自動車における影響が著しく大きいことから、自動車の分析結果は図2−7に別記している。なお、世界金融危機とは異なり短期間での動きが顕著であるため、東日本大震災の分析においては、前月比の変化率に着目し、前月を $t-1$ 期、当月を t 期として変化率の分解をしている点に留意してほしい。世界金融危機と同様、月次データには季節変動が大きく現れるため、前年比変化率も、折れ線グラフとして書き込んでいる。

　全製品の対世界輸出を見てみると、輸出の落ち込みは、世界金融危機のときとは大きく異なり、下落幅は小さく、また回復も早い。3月、4月、5月、6月の前月比の変化は、5%、−15%、−4%、23%となっている。前年同月比では、9%、1%、5%、14%と、マイナスにすらなっていない。ただしこれは、ドルベースのデータを示しているため、円ベースで見ると過去1年の円建てドル安を反映して、それぞれ10%程度押し下げられると考えられるが、迅速な回復によって、東日本大震災とそれに伴う供給ショックの輸出全体への影響は、大方の予想よりはるかに小さかったと考えられる。

　ただし、品目別には大きな違いが見られる。機械部品・中間財に関しては、

---

(9)　米国向け輸出、欧州向け輸出に関する自動車以外の分析結果については、Ando and Kimura（2012）を参照のこと。また、本章では、紙面の都合もあり、急速な回復を見せる7月までの分析結果のみを図示している。

第2章　3つの危機と生産ネットワークの頑健性　41

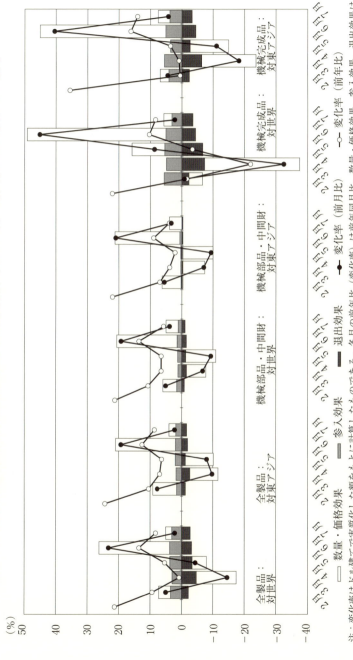

図2-6　東日本大震災の際の輸出額の変化とその要因分解（2011年）：対世界および対東アジア輸出

注：変化率はドル建てで実質化した額をもとに計算したものである。退出効果は、数量・価格効果、参入効果、退出効果は、前月の前年比（変化率）は前年同月比、前月比（前月から当月の変化率）を分解したものである。
出所：Ando and Kimura (2012) をもとに筆者作成。

42 第Ⅰ部 生産ネットワークの安定性・頑健性

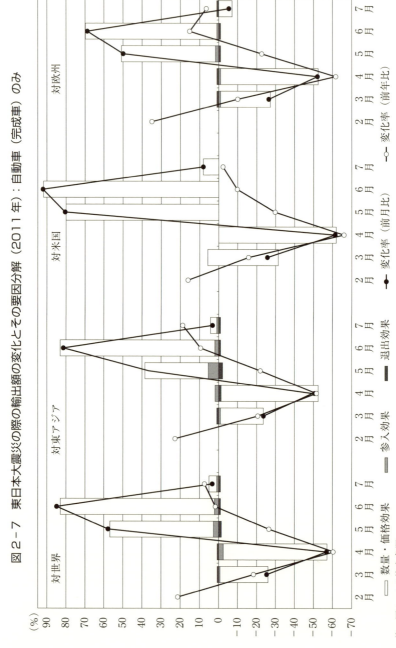

図2-7 東日本大震災の際の輸出額の変化とその要因分解（2011年）：自動車（完成車）のみ

注：図2-6の注を参照。
出所：Ando and Kimura (2012) をもとに筆者作成。

世界向け輸出の場合、3月、4月、5月の前月比で5%、−7%、−10%（前年比11%、7%、7%）と、比較的小さな落ち込みにとどまるとともに、6月には、前月比で19%（前年比14%）の急増を示している。さらに注目すべきは、東アジア向け輸出における退出効果の小ささである。参入効果、退出効果は0%に極めて近く、対世界の同値と比べても格段に低い。したがって、東アジアとの機械部品・中間財の取引が安定しており、世界金融危機の際と同様に、東アジアでの生産ネットワークを維持しようとする企業が機械部品・中間財の輸出を重要視したと考えられる。

一方、機械完成品については、世界向け輸出の場合、4月に前月比−33%（前年比−22%）と落ち込みは大きく、退出効果も−7%に達している（図2-6）。しかしその後は、5月には前月比9%（前年比−3%）で、6月には45%（10%）と、急速に回復を見せている。機械完成品の中でも特筆すべきは自動車における変化である（図2-7）。自動車は、通常であれば、機械完成品の4～5割を占める。この自動車の輸出において、3月にはすでに前月比−25%（前年比−18%）と落ち始め、4月には−57%（−60%）とさらなる下落を記録したことが機械完成品の大幅な下落につながっている。しかし、重要なのはその後の著しい回復である。5月は前月比で58%（前年比−27%）、6月は85%（2%）となっており、6月にはほぼ前年の水準に戻っている。

機械完成品の世界向け輸出の特徴は東アジア向け輸出にも当てはまる。東アジア向けの場合、自動車に関しても6月時点ですでに前年比1割増という水準に達している。その一方で、自動車輸出の落ち込みは、とりわけ欧米への輸出において顕著である。図2-5から明らかなように、4月は前年比で6割～7割減であった。しかし、対世界や対東アジアのケースと同様、6月から7月にかけて前年の水準近くにまで回復している。

3.2　機械輸出の下落と回復の確率

ここでは、世界金融危機と東日本大震災の下降期と回復期の機械輸出における取引関係の特徴を検証するため、以下の式に基づいてロジット分析を行う。

$$EX_{i,j} = \beta_0 + \beta_1 \ln Dist_i + \beta_2 Parts_j + \sum_{n}^{N} a_n Country_n + \varepsilon$$

$EX_{i,j}$ は（HS9桁レベルでの輸出品目別かつ仕向地別）輸出項目 j の i 国への輸出がなくなったか／復活したかを表す変数であり、詳細は後述するように、0か1である。$\ln Dist_i$ は日本と i 国との距離（自然対数）、$Parts_j$ は機械部品ダミーであり、輸出項目 j が機械部品であれば1、機械完成品であれば0である。また、$Country_n$ は国・地域ダミーであり、本分析では14の東アジア諸国、米国、欧州との貿易関係の特徴の把握を試みる。

世界金融危機の下降期の分析においては、2008年10月およびその前後月に輸出があった輸出項目（輸出品目別かつ仕向地別）に着目し、これらの輸出が2009年1月にあったかどうか（輸出がなければ1、輸出が続いていれば0）を検証する。また、回復期の分析では、2008年10月およびその前後月に輸出があり、2009年1月に輸出がなかった輸出項目に着目し、これらの輸出が2009年10月までに回復したかどうか（復活したら1、復活しなかったら0）を検証する。

同様に、東日本大震災の下降期の分析においては、2011年3月およびその前後月に輸出があった輸出項目に着目し、これらの輸出が2011年5月にあったかどうか、回復期の分析では、2011年3月およびその前後月に輸出があり、2011年5月に輸出がなかった輸出項目に着目し、これらの輸出が2011年7月までに復活したかどうかを検証する。

表2-3は、ロジット分析の結果を示したものである。ここから、いくつか興味深い示唆が得られる。第1に、機械部品貿易はその取引関係が安定的である。機械部品・中間財の係数を見ると、世界金融危機であれ、東日本大震災であれ、下降期には負、回復期では正となっている。つまり、機械完成品と比べ、貿易関係が継続する確率が高く、仮にいったん貿易がとまったとしても復活する確率が高いということであり、機械部品貿易はその取引関係が強固であると示唆される。これはまさに3.1項の輸出額の分解の分析結果とも一致した結果である。

第2に、東アジア諸国の中でも、域内の生産ネットワークに深く関与している国ほど、貿易関係を継続する傾向にあり、貿易がなくなったとしても回

表2-3　世界金融危機と東日本大震災における日本の機械貿易の落ち込み・復活確率

	世界金融危機		東日本大震災	
	下降期	回復期	下降期	回復期
距離（log）	−0.05	0.10*	−0.14***	0.11**
	[−1.55]	[1.84]	[−3.87]	[1.98]
機械部品・中間財	−0.51***	0.28***	−0.47***	0.06*
	[−25.78]	[8.84]	[−22.3]	[1.79]
韓国	−1.37***	1.38***	−1.88***	0.96***
	[−13.54]	[8.54]	[−16.69]	[5.01]
中国	−1.74***	1.20***	−2.11***	0.89***
	[−18.85]	[7.70]	[−20.4]	[4.81]
台湾	−1.31***	1.05***	−1.69***	0.95***
	[−14.91]	[7.31]	[−17.32]	[5.63]
香港	−1.35***	0.91***	−1.58***	0.74***
	[−16.16]	[6.54]	[−17.12]	[4.56]
ベトナム	−0.96***	1.38***	−1.30***	0.87***
	[−12.11]	[10.92]	[−15.00]	[5.85]
タイ	−1.53***	1.11***	−1.76***	0.79***
	[−19.32]	[8.11]	[−19.8]	[4.91]
シンガポール	−1.39***	0.68***	−1.39***	0.77***
	[−17.88]	[4.92]	[−16.82]	[5.29]
マレーシア	−0.91***	0.92***	−1.18***	0.77***
	[−12.33]	[7.69]	[−14.38]	[5.46]
ブルネイ	0.88***	−0.75**	1.02***	−0.38
	[4.17]	[−2.38]	[4.05]	[−1.16]
フィリピン	−0.99***	1.03***	−1.18***	0.33**
	[−12.17]	[7.90]	[−13.38]	[2.10]
インドネシア	−0.91***	0.86***	−1.15***	0.83***
	[−12.41]	[7.19]	[−14.31]	[5.96]
カンボジア	0.76***	0.30	0.43***	0.12
	[4.08]	[1.45]	[2.75]	[0.55]
ラオス	0.53*	−1.05**	0.67*	−1.79**
	[1.86]	[−1.99]	[2.24]	[−2.46]
ミャンマー	0.35**	0.12	0.06	−0.03
	[2.21]	[0.58]	[0.39]	[−0.12]
米国	−1.99***	0.37**	−1.78***	0.52***
	[−23.37]	[2.18]	[−20.61]	[3.22]
EU	−0.53***	0.07*	−0.50***	0.14***
	[−22.05]	[1.78]	[−19.43]	[3.23]
定数	0.93***	−2.09***	1.53***	−2.06***
	[2.89]	[−4.38]	[4.48]	[−3.89]
Log likelihood	−29744	−11949	−26132	−9749
サンプル数	45,979	20,507	41,827	16,221

注：***は1%水準で、**は5%水準で、*は10%水準で統計的に有意なことを示す。[　]内の数値はz値を表す。
出所：Ando and Kimura (2012)．

復させる確率が高い。通常、距離が近いほど貿易が多く、距離が遠いほど貿易が少なくなると考えられるため、このような距離の影響を考慮するために、距離をコントロールしている。そのうえで、各国ダミーを説明変数に加えたところ、世界金融危機か東日本大震災かにかかわらず、東アジア諸国の係数は、そのほとんどが下降期には負、回復期には正である。中でも、生産ネットワークの主要なメンバーである中国、タイ、韓国、台湾、香港、シンガポール、ベトナムなどの係数（の絶対値）は大きい。その一方で、ブルネイ、カンボジア、ラオス、ミャンマーについては、統計的に有意でないか、係数が非常に小さいか、係数が逆になっている。したがって、機械産業における域内の生産ネットワークに深く入り込んでいる国との貿易関係は強固である一方で、それほどでもない国との取引関係は弱いと示唆される。

　第3に、米国との貿易関係も強固である。米国は日本にとって重要な市場の1つであり、完成品が日本から輸出されるか、日本から輸出した特殊な部品・中間財を使って米国やメキシコで組み立てられて販売される。しかし、代替的な供給ルートが比較的見つけやすい東アジアのケースと違って、米国－メキシコの生産ネットワークの場合には、たくさんの周辺国がサプライチェーンに組み込まれているわけではないため、代替ルートを見つけるのが難しいと推測される。そのため、現地市場での生産活動と顧客の重要性を反映し、日本の米国向け輸出は継続される傾向にあると考えられる。

3.3　機械輸出の復活の確率とそのタイミング

　3.2項では、機械部品貿易において貿易関係が途切れる確率が低く、いったん途切れたとしても復活する確率が高いこと（つまり部品貿易の取引関係が安定的であること）、また生産ネットワークに深く関わっている国ほど取引関係が安定的であることが示された。さらに、本項では危機に際して途切れてしまった貿易関係が復活する確率とそのタイミングに着目し、サバイバル分析を用いて、機械部品貿易の取引関係の特徴を検証してみたい。

　本項ではサバイバル分析として、カプラン・マイヤー推定値（failure rates）やハザード率を推計し、輸出の復活確率とそのタイミングの特徴を探る[10]。ここで求めるカプラン・マイヤー推定値は、時間の経過とともに輸出が復活

図2-8 日本の機械輸出の復活確率とタイミング：世界金融危機時の対世界輸出のケース

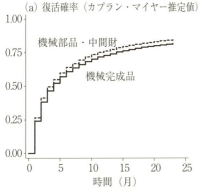
(a) 復活確率（カプラン・マイヤー推定値）

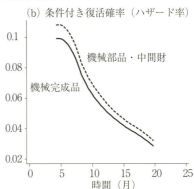
(b) 条件付き復活確率（ハザード率）

出所：Ando and Kimura（2012）.

する確率の累計を表し、ハザード率は各時点での条件付き復活確率を意味する。世界金融危機の分析では、2008年10月（あるいはその前後月）に輸出があり、2009年1月に輸出がない輸出項目（品目別国別）のみを対象とし、これらの輸出品目において輸出が復活したかどうかに着目する。分析期間は2009年1月から2010年12月までである。東日本大震災の分析においては、2011年3月（あるいはその前後月）に輸出があり、2011年5月に輸出がない輸出項目（品目別国別）のみを対象とし、これらの輸出品目において輸出が復活したかどうかに着目する。分析期間は2011年5月から10月までである。

図2-8は、世界金融危機の際の機械部品輸出と機械完成品輸出の復活確率（カプラン・マイヤー推定値）と条件付き復活確率（ハザード率）を図示したものである。表2-4も世界金融危機の分析結果を示したものだが、ここでは、東アジア、米国、欧州、その他世界という4つの地域別に、復活確率が初めて5割を超えた時点と分析の最終時点での復活確率（カプラン・マイヤー推定値）をまとめたものである。また、表2-5は、東日本大震災の分析結果を示しており、表2-4と同様、地域別の復活確率を記したものであ

---

(10) いずれの分析においても、製品や地域の違いに統計的な有意性が認められるかを検証するため、ログランク検定を行っている。

表2-4　世界金融危機における機械輸出の復活確率

機械部品・中間財

	2カ月目 (2009年3月)	3カ月目 (2009年4月)	23カ月目 (2010年12月)
東アジア	0.55	0.64	0.91
米国	0.42	0.61	0.89
欧州	0.42	0.51	0.86
その他世界	0.39	0.47	0.83

機械完成品

	2カ月目 (2009年3月)	4カ月目 (2009年5月)	23カ月目 (2010年12月)
東アジア	0.50	0.66	0.92
米国	0.54	0.64	0.87
欧州	0.36	0.50	0.81
その他世界	0.35	0.48	0.79

注：復活確率はカプラン・マイヤー推定値である。グレーのところは各地域において復活確率が初めて0.5を超えた月である。また、地域ごとの復活確率（関数）の違いは、ログランク検定において、1％水準で統計的に有意である。
出所：Ando and Kimura (2012).

表2-5　東日本大震災における機械輸出の復活確率

	2カ月目 (2011年7月)	3カ月目 (2011年8月)	5カ月目 (2011年10月)
機械部品・中間財			
東アジア	0.51	0.59	0.70
米国	0.63	0.74	0.85
欧州	0.44	0.53	0.64
その他世界	0.40	0.48	0.59
機械完成品			
東アジア	0.54	0.63	0.74
米国	0.57	0.66	0.79
欧州	0.42	0.51	0.61
その他世界	0.38	0.46	0.57

注：表2-4の注を参照のこと。
出所：Ando and Kimura (2012).

る。本章では、地域別の復活確率とハザード率の図を省略しているが、以下では、それらの分析結果も踏まえて読み取れる特徴を議論する。

世界金融危機の分析結果の特徴として、第1に、輸出が途切れても早い段階で復活する確率が高く、機械部品ほどその傾向が強い。部品・完成品別、地域別のいずれの分析においても、図2-8のように、初期の段階で傾きが急である。機械部品・中間財（機械完成品）の場合、2009年1月に輸出が途切れた輸出項目のうち55％（52％）の取引関係が最初の4カ月以内に復活し、2010年末までには85％（82％）の取引関係が回復している。3.1項で明らかにしたように機械部品の方が機械完成品よりも退出効果がずっと小さい（輸出が途切れたことによる輸出の引き下げ効果が小さい）ことを踏まえると、機械部品貿易は途切れにくく、いったん途切れたとしても復活する確率が高く、さらにそのタイミングも早いと考えられる[11]。

第2に、東アジアにおける復活確率は、他地域と比べて高い傾向にある。ごく初期の数時点における米国のケースを除き、いずれの時点でも東アジアの復活確率は他地域のそれよりも高く、さらに2010年末までの復活確率は、東アジアにおいて他地域よりも高い。具体的には、機械部品（機械完成品）の復活確率は、東アジア、米国、欧州、その他世界の順に、91％（92％）、89％（87％）、86％（81％）、83％（79％）である（表2-4）。したがって、東アジアとの貿易関係、とりわけ機械貿易における東アジアとの貿易関係は強固であり、東アジアの生産ネットワークの存在が世界金融危機における日本の機械輸出の回復に大きく貢献していると示唆される。

第3に、初期時点では米国の復活確率も高い。機械完成品については、4カ月目にはすでに東アジアの復活確率の方が高くなっているが、2カ月目あたりの米国の復活確率の方が東アジアのそれよりも高い。また、機械部品に関しては、2カ月目、3カ月目あたりでは東アジアの復活確率の方が高いものの、5カ月目あたりになると米国のハザード率は2割を超えるほど高くなり、同時期の復活確率は東アジアを超える。その後急速にハザード率は下

---

[11] Obashi (2011) によれば、アジア通貨危機の際にも、機械部品貿易において貿易がいったん途切れても復活する確率が高いことが明らかになっている。

がって8カ月目までには東アジアのそれを下回り、復活確率も東アジアの方がまた高くなるとは言え、初期の段階では米国の復活確率も高いと言える。日本にとって、米国での現地市場向けの生産活動や顧客が重要であると考えられ、このような結果は前項のロジット分析の結果とも一致している。

東日本大震災の分析結果の特徴としては、第1に、世界金融危機と同様、初期の段階で傾きが急であることから、輸出が途切れても早い段階で復活する確率が高い。例えば東アジア向け輸出の場合、2011年5月時点で輸出が途切れた機械製品において、部品、完成品ともにそのうち半分以上が最初の2カ月以内で復活し、2011年10月までには機械完成品の4分の3の取引関係が、機械部品の7割の取引関係が復活している（表2-5）。さらに、最初の2カ月の復活確率を見ると、部品か完成品かを問わず、また地域を問わず、東日本大震災のときの方が世界金融危機のときよりも高い。第1節で東日本大震災後の輸出の回復は世界金融危機後よりも迅速であると述べたが、ここでの分析結果もまた東日本大震災後の輸出の回復が急速であることを裏付けている。

第2に、機械輸出の復活確率は、部品も完成品も、東アジアや米国向けの方が欧州やその他世界向けよりもずっと高い。東アジアや米国向け輸出において機械部品・中間財の退出効果が極めて小さいことやロジット分析での国ダミーの係数の絶対値が大きいことを踏まえると、世界金融危機と同様、生産ネットワークの中での強固な貿易関係や現地での生産活動や顧客の重要性が示唆される。

第3に、米国や欧州向け輸出の復活確率に関しては機械完成品より機械部品の方が高いが、東アジア向け輸出ではその逆である。東アジアでは経済状況がよく完成品に対する需要が高まっていることに加え、機械部品の退出効果が小さく、そもそも機械部品・中間財のサバイバル分析のサンプルが小さい。そのため、機械完成品の復活確率が相対的に高くなっていると考えられる。その一方、米国や欧州では経済状況があまり芳しくなく、コアの部品・中間財の供給復活が優先されたと考えられる。

表2-6　タイの洪水による被害状況

	製造業		非製造業	
	企業数	比率	企業数	比率
直接的な被害あり	40	49.4%	8	16.7%
工業団地内	36	44.4%	6	12.5%
工業団地外	4	4.9%	4	8.3%
間接的な被害あり	33	40.7%	11	22.9%
供給先被災	13	16.0%	5	10.4%
調達元被災	18	22.2%	2	4.2%
サプライチェーンの一部被災	13	16.0%	4	8.3%
被害なし	8	9.9%	29	60.4%
有効回答企業数	81		48	

注：複数回答あり。有効回答率は69.3%。
出所：JETRO（2012）.

4　タイでの大洪水と日本企業の対応

　2011年10月に発生したタイでの大洪水もまた、生産ネットワークや日本企業に多大な影響を与えた。なぜなら、多くの日本企業が被害にあった工業団地などで生産活動を行っており、東アジアにおける生産ネットワークの中で重要な役割を果たしている工場が数多く立地していたためである。JETROバンコク事務所は、直接的・間接的に被害を受けた（タイに立地する）日本企業192社を対象に、タイでの洪水による被害についてアンケート調査を実施し、133社からの回答を得ている。サンプル数が十分に多いとは言えないが、本節では、危機に直面した生産ネットワークの特徴を、企業の対応から探ってみたい。

　表2-6と表2-7は、その集計結果の一部を示したものである。表2-6は、対象となった133社の被害状況をまとめたものである（複数回答あり）[12]。製造業企業（81社）については、その41％が間接的な被害を被っているが、その詳細を見ると、16％が供給先の被災によるケース、22％が調達先の被災によるケース、16％がサプライチェーンの一部が被災したケースとなっている。つまり、洪水による直接的な被害を受けなかったとしても、間接的

---

[12]　133社のうち4社は業種分類無回答であったため、表2-6には含まれていない。

表2-7　直接被災企業の今後の事業展開：事業規模および場所

(a) 今後の事業規模

	製造業		非製造業	
規模維持	21	52.5%	3	37.5%
規模縮小	16	40.0%	3	37.5%
規模拡大	0	0.0%	0	0.0%
不明	3	7.5%	2	25.0%
有効回答企業数	40		8	

(b) 今後の事業継続地

	製造業		非製造業	
同じ場所	31	77.5%	7	87.5%
タイ国内の他の場所	6	15.0%	2	25.0%
海外に生産移転・継続	3	7.5%	0	0.0%
撤退	0	0.0%	0	0.0%
不明	3	7.5%	0	0.0%
有効回答企業数	40		8	

注：事業規模については、複数回答あり。
出所：JETRO (2012).

な影響を受けた企業がたくさんあることがわかる。生産ネットワークが存在すれば、サプライチェーンを介して負の影響が伝播しやすいことは確かである。

　その一方で、生産ネットワークの存在はその頑健性をも明らかにしている。直接的な被害を被った製造業企業40社のうち、半分以上の企業が事業規模を維持したいと考えており、その比率は非製造業企業の比率（38%）よりも高い（表2-7）。また、4分の3以上の企業が同じ場所で事業展開をしたいと考え、15%の企業は、別の国に移転するのではなくタイの別の場所で事業展開をしたいと考えている（複数回答あり）。さらに、海外に生産移転を考えている企業も、リスク分散のために、一部の生産工程はタイに残し、一部を海外に移転しようと考えているようである。実際の事業再開までにはかなりの時間を要するケースも依然としてあるものの、同じ場所での事業再開を望む声は強い。

　大きな被害を受けても同じ場所での事業展開を望む傾向が強い最大の理由は、彼らがすでにタイの中でのサプライチェーンに組み込まれていることに

ある。生産工程を海外に移転するとなると、調達先・納入先との取引関係を変更する必要が生じて、大きな取引費用が発生してしまう。また、他国に移転したとしても政治的リスクや自然災害リスクなどが存在する一方で、インフラや産業集積などを総合的に考えてタイの優位性がまさると判断されたようである。

　タイでの大洪水が発生した2011年10月とその翌月の11月には、日本のタイとの貿易が輸出、輸入ともに落ち込んでいる。しかし、洪水によって被害を受けた資本財やその他の機械設備を導入するために、2012年に入るとタイへの輸出が著しく増加した。この事実もまた、生産ネットワークや産業集積が存在すれば、その生産ネットワークを介して危機による負の影響が一時的に広く伝播するとしても、そのネットワークを維持しようとする力が強く働くことを裏付けている。

5　おわりに

　本章では、日本の輸出面や企業行動に着目し、危機に直面した生産ネットワークの性質を検証してきたが、本章での分析を通じて、危機に際した生産ネットワークは、一時的な負の影響はあるものの、脆弱性を露呈したというよりは、むしろ安定性と力強い回復力を有していることが明らかになった。特に細品目レベルでの貿易データを用いてさまざまな角度から行った分析からは、危機に直面しても生産ネットワーク内の取引、とりわけ東アジア内の機械部品貿易は、他の貿易商品に比べ安定しており、いったん貿易が途切れたとしても復活する確率が高く、またそのタイミングが早いことが明らかになっている。生産ネットワーク内では、そこに参加できる企業や立地が厳しく選別され、関係特殊的な取引が構築される。そのような取引関係がいったんできあがると、その変更に伴う大きな取引費用を避けるため、生産ネットワークの中での取引関係を維持しようとするインセンティブが強く働くと考えられる。

　また、生産ネットワークにおいては、1つの部品の供給が滞っただけで、全体の生産が止まってしまう。そのため、生産ネットワークに参加している

諸企業には、協力してネットワーク復旧に努力するインセンティブが生ずる。事実、本章で示したような東日本大震災における自動車輸出の驚くべき回復の背景には、サプライチェーンを回復させようとする企業の多大な努力がある。新聞でも報道されたルネサスの例は象徴的である。ルネサス那珂工場では、自動車や電子機器に用いるマイコンを生産していたが、震災によって工場設備に大きな被害が出た。しかし、企業の壁を越えて、自動車業界などから最大1日 2,500 人が復旧作業に参加し、早期の生産再開にこぎ着けたのである。サプライチェーンが存在するからこそ、一時的な被害や影響はあったとしても、それを維持しようとする大きな力が企業の壁を越えて働いたのである。

ただし、生産ネットワークがそれだけ安定的だということは、いったん企業が立地を変更して産業が空洞化してしまうと、元に戻らない可能性があることも示唆している。また、日本の輸出額はドルベースでは世界金融危機以前の水準を回復しているものの、世界金融危機をきっかけとして、輸出項目数は減少して元に戻っていない。国際通商政策の展開の遅れに加え、企業の海外進出が加速し、日本が生産ネットワークから恒常的にはずされてしまう危険性はある。日本国内の投資環境を改善し、立地の優位性を高めることで、海外展開を積極的に促進しながらも、補完的な生産活動を日本に残して東アジアの活力を取り込んでいくことが重要である。

参考文献

Amiti, Mary and David E. Weinstein (2011) "Trade Finance and the Great Trade Collapse," *Quarterly Journal of Economics*, 126(4), (November): 1841–1877.

Ando, Mitsuyo (2010) "Machinery Trade in East Asia and the Global Financial Crisis," *Korea and the World Economy*, 11(2): 361–394.

Ando, Mitsuyo and Fukunari Kimura (2012) "How Did the Japanese Exports Respond? The Global Financial Crisis and the Great East Japan Earthquake," *The Asian Economic Journal*, 26(3): 261–287.

Haddad, Mona, Ann Harrison and Catherine Hausman (2010) "Decomposing the Great Trade Collapse: Products, Prices, and Quantities in the 2008–2009 Crisis," *NBER Working Paper Series*, No. 16253.

Jones, Ronald W. and Henryk Kierzkowski (1990) "The Role of Services in Production and In-

ternational Trade: A Theoretical Framework," In Ronald W. Jones and Anne O. Krueger, eds., *The Political Economy of International Trade: Essays in Honor of Robert E. Baldwin*, Oxford: Basil Blackwell: 31-48.
Kimura, Fukunari and Mitsuyo Ando (2005) "Two-dimensional Fragmentation in East Asia: Conceptual Framework and Empirics," *International Review of Economics and Finance (special issue on "Outsourcing and Fragmentation: Blessing or Threat,"* edited by Henryk Kierzkowski), 14(3): 317-348.
Obashi, Ayako (2011) "Resiliency of Production Networks in Asia: Evidence from the Asian Crisis," In Simon J. Evenett, Mia Mikic and Ravi Ratnayake (eds.), *Trade-led Growth: A Sound Strategy for the Asian Region*: 29-52, United Nations Publication.
安藤光代 (2012)「東アジアにおける生産・流通ネットワーク――その安定性と回復力」馬田啓一・木村福成編著『国際経済の論点』文眞堂.
経済産業省 (2012)「産業活動分析 (平成23年年間回顧) ――震災に係る地域別鉱工業指数でみる23年の鉱工業生産」。以下のサイトから入手可能 (http://www.meti.go.jp/statistics/toppage/report/bunseki/index.html)。
日本貿易振興機構 (JETRO) (2012)「「タイ大洪水」に関する被災企業アンケート調査結果」。以下のサイトから入手可能 (http://www.jetro.go.jp/news/announcement/20120203731-news)。

第Ⅱ部
生産ネットワークの新展開

第 3 章
東アジアの生産ネットワーク
―― 域内での深化と域外との結びつき

安藤光代

1 はじめに[(1)]

　国際分業体制は世界各地で大きく変化している。機械産業における国際的な生産ネットワークは、とりわけ 1990 年代以降、東アジア、北米、欧州を中心に発展してきた。東アジアでは、所得水準の異なる多くの途上国を巻き込む形で生産ネットワークが構築されてきたのに対し、北米の場合には米国とメキシコとの間、欧州では西欧と中東欧の間という、先進国と途上国との間の比較的シンプルな形での国際分業体制が形成されてきた。

　このような生産工程レベルでの国際分業は、通常、地理的に近い域内で形成される。国際分業が域外へと広がれば、生産工程の地理的な乖離に伴って輸送費や通信費などの物理的な費用が増加するのみならず、生産工程間のコーディネートや望ましいタイミングでの部品調達などもより一層難しくなる。質の高いロジスティクスリンクがなければ、そのような国際分業の展開は実現しない。

　しかし、近年、地理的な枠を大きく超えた部品・中間財の取引も活発になりつつある。中でも、東アジアからの部品・中間財の供給は、北米や欧州での生産において重要な役割を果たしている。両地域は、東アジアの生産ネットワークにとって重要な最終消費地であるという消費面でのつながりを維持しつつ、生産面での結びつきを強化しているのである。

---

(1) 本章は、Ando (2013) および Ando and Kimura (2013, 2014) の分析結果を中心に、安藤 (2014) に加筆・修正を加えたものである。

本章では、東アジアの機械産業を中心とした生産ネットワークに着目し、国際比較可能な細品目レベルでの貿易データを用いて、東アジア域内での国際分業体制がどのように深化しているのか、また、域外の生産ネットワークとどのようなつながりがあるのかを見ていく。次節では、範囲と深さに着目して、近年の東アジア域内での生産ネットワークの深化について議論する。第3節および第4節では、このような東アジアの生産ネットワークが、地理的な枠を大きく超えて、北米や欧州の生産ネットワークとどのように結びついているかを検証する。第5節においては、生産ネットワークをさらに発展させていくためには何が重要であるかを議論し、本章を締めくくる。

2 東アジア域内での深化

東アジア諸国では、1980年代から90年代にかけて、第1のアンバンドリングの世界から第2のアンバンドリングの世界へと順次移行し、貿易パターンも一方向でかつ完成品の貿易を中心としたものから、双方向の部品貿易を特徴とするものにシフトしていった。図3-1は、東アジア各国の対世界輸出入に占める機械製品の割合を、1970年以降10年ごとに、部品と完成品を区別して示したものである。1970年の段階では、機械輸出が多いのは日本のみであり、しかもそのほとんどが完成品輸出である。シンガポール、韓国、香港では、輸出比率はまだかなり小さく、輸出加工区での部品の輸出入が現れつつある一方で、マレーシア以下の東南アジア諸国ではほぼ輸入のみとなっており、機械部品輸入は輸入代替的なアセンブリー工場への供給やスペアパーツの供給だと考えられる。1980年になると、シンガポール、香港、韓国の機械輸出が伸び始め、マレーシアも機械部品輸出を開始する。1990年には、マレーシア、シンガポールの機械部品輸出比率は2割を超え、香港、韓国、タイのそれも上がり始め、2010年までには、日本、韓国、中国、香港、シンガポール、マレーシア、タイが、機械部品を輸入も輸出もするという典型的な生産ネットワークのパターンを示すようになっている。

図3-2は、2010年時点での各国の輸出あるいは輸入に占める機械貿易の割合を、部品・中間財の輸出比率の高い国から順に並べたものである。この

第3章 東アジアの生産ネットワーク 61

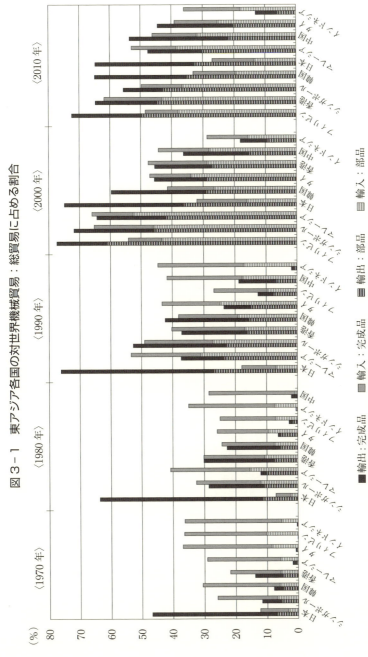

図3-1 東アジア各国の対世界機械貿易：総貿易に占める割合

注：1970年と1980年についてはSITC分類、1990年と2010年についてはHS分類（1990年のフィリピンのみSITC分類）に基づく。1980年の中国は1985年、1990年の中国と香港はそれぞれ1992年と1993年のデータを用いている。
出所：木村・安藤（2016）。

62　第Ⅱ部　生産ネットワークの新展開

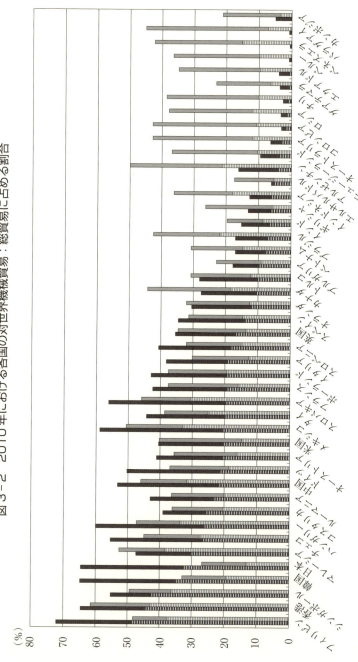

図3-2　2010年における各国の対世界機械貿易：総貿易に占める割合

出所：Ando and Kimura (2013) の図から一部抜粋。

図から、東アジアの多くの国が左側に固まっており、輸出入ともに高い部品・中間財比率を有していることが見てとれる。1990年代初頭の機械貿易比率と比べると、大きな違いが2つある。第1に、東アジアに限らず、多くの国で部品・中間財貿易が拡大し、機械貿易の割合が格段に増加している。世界各地で第2のアンバンドリングが盛んになってきた証拠である。第2に、高い部品輸出比率を示す国を見ると、1990年代初頭には日本、米国、英国、フランス、ドイツなどの先進国が多いのに対し、2010年時点ではそのほとんどが東アジア諸国である。つまり、東アジアでは、機械貿易、中でも機械部品貿易が他地域にも増して急速に拡大し、部品・中間財の双方向取引が活発になったのである。東アジアの生産ネットワークの急速な発展がうかがえる[2]。

　このように生産ネットワークが拡張していく中、2008年10月に世界金融危機が勃発すると、東アジアの機械貿易もその影響を受け、月次レベルでは一時的に大きく落ち込んだ[3]。生産ネットワークの中では、1つの部品の供給が滞っただけで全体の生産が止まりうるし、多くの国を巻き込む形で生産ネットワークが形成されているほど、そして、生産工程を切り取った各生産ブロックをつなぐサービス・リンクがタイトなほど、生産ネットワークが外的ショックを伝達するチャンネルとなってしまう。しかし、ここで重要なのは、東アジア向け輸出をテコに、急速な回復を見せたことである。その結果、表3-1の輸出額が示すように、年次レベルで見れば落ち込みはそれほど大きくない。むしろ、大きなショックを経験した4年の間にも、東アジアの対世界機械輸出は、部品・中間財、完成品のいずれも名目米ドルベースで約3割増加したほどであり、生産ネットワークは危機に対する頑健性を呈したのである。

　興味深いことに、近年、東アジア域内において、生産ネットワークのさら

---

[2] 東アジア以外の発展途上経済の中で、高い部品輸出比率を有し、第2のアンバンドリングが盛んだと考えられるのは、中東欧の数カ国とメキシコ、コスタリカくらいである。発展途上国の中で、生産ネットワークに参加していける国とそうでない国とがはっきりと分かれる状況である。

[3] 世界金融危機に直面した東アジアの機械貿易の月次レベルでの動向については、Ando（2010）を参照のこと。

表3-1 東アジア9カ国による域内貿易：金額および比率

	輸出先／輸入元	輸出					輸入				
		2007	2008	2009	2010	2011	2007	2008	2009	2010	2011
(a) 機械部品・中間財	金額（名目）：2007年=1										
	対世界	1.00	1.06	0.94	1.19	1.31	1.00	1.05	0.91	1.19	1.27
	対東アジア15	1.00	1.04	0.95	1.19	1.30	1.00	1.04	0.90	1.22	1.28
	比率（対世界=100）										
	対東アジア15	63.9	62.4	65.1	64.0	63.5	69.9	69.3	69.3	71.3	70.7
	中国	20.9	20.9	23.6	22.0	22.8	14.2	15.1	15.3	15.1	15.7
	CLMV	0.7	0.9	1.1	1.1	1.3	0.3	0.4	0.4	0.5	0.6
	ASEAN4	10.5	10.3	9.7	9.8	9.3	12.5	11.7	11.1	11.9	11.2
	ASEAN5	11.1	11.1	10.6	10.8	10.5	12.8	12.1	11.5	12.4	11.8
	ASEAN10	15.7	15.1	14.8	15.0	14.1	17.2	16.7	16.4	17.1	16.4
	NIEs4	26.2	24.7	25.6	26.3	25.2	28.2	27.0	27.9	28.7	28.2
	日本	5.7	5.6	5.1	4.8	4.8	14.7	15.1	14.6	15.1	15.0
(b) 機械完成品	金額（名目）：2007年=1										
	対世界	1.00	1.11	0.91	1.16	1.29	1.00	1.11	0.99	1.28	1.54
	対東アジア15	1.00	1.12	0.99	1.32	1.52	1.00	1.12	0.97	1.29	1.51
	比率（対世界=100）										
	対東アジア15	30.4	30.6	33.3	34.7	35.8	58.7	59.0	57.2	59.0	57.8
	中国	6.2	6.2	6.6	7.4	7.5	23.4	23.1	24.5	25.3	25.5
	CLMV	0.9	1.1	1.3	1.3	1.5	0.3	1.3	0.5	0.5	0.7
	ASEAN4	4.6	5.0	5.1	5.5	5.7	9.9	10.2	9.9	10.0	9.1
	ASEAN5	5.2	5.8	6.1	6.4	6.7	10.2	10.6	10.4	10.5	9.7
	ASEAN10	8.4	9.1	9.9	9.6	10.2	13.3	14.5	13.8	13.2	12.6
	NIEs4	14.6	14.3	15.6	15.8	16.2	11.4	10.7	10.4	10.0	10.6
	日本	4.2	4.1	4.7	4.7	4.8	13.6	13.7	11.8	13.2	12.0

注：ASEAN4はインドネシア、フィリピン、タイ、マレーシアの4カ国を、ASEAN5はASEAN4にベトナムを追加した5カ国を指す。
出所：Ando (2013)．

なる深化が観察される。機械部品・中間財貿易においては、2011年の域内比率が輸出で64％、輸入で71％と2007年以降ほとんど変化していないが、貿易額自体は輸出、輸入ともに4年間で3割ほど増加しており、域内取引は確実に活発化している。ただしその内訳を見ると、中国やASEAN後発国であるCLMV（カンボジア、ラオス、ミャンマー、ベトナム）の割合が若干上がるなど、その構成比に変化が見られる[4]。そこで、範囲と深さに着目して東アジア域内での生産ネットワークの深化を検証するために、extensive marginとして、HS6桁レベルでの品目別かつ相手国別の貿易項目数の変化を分析してみると、東アジア域内では、すでに貿易のあった品目や国との取引の拡大のみならず、新しい取引関係の構築を通じて、域内貿易額が拡大していることが明らかになった[5]。どのような形で深化しているのか、以下で具体的に見ていきたい。

　図3-3は、東アジア9カ国による機械輸出あるいは輸入の項目数（各国の2007年の値を基準に指標化したもの）について、2007年からの5時点分を図示したものである。また、輸出先あるいは輸入元として、中国、CLMV、ASEAN4（インドネシア、フィリピン、マレーシア、タイ）、NIEs4（韓国、台湾、香港、シンガポール）、日本という5つの貿易相手別に項目数を指数化して、図示したのが図3-4である。まず、図3-3の東アジア全体の動向において、部品を中心に貿易項目数が増加していることから、新しい取引関係の構築が進んでいると考えられる。

　その詳細を見てみると、東アジア諸国の中でも、中国の輸出や韓国の輸出入など項目数が増えるケースもあれば、フィリピンの輸出や香港の輸入のように減るケースもある（図3-3）。すでに生産ネットワークに参加している東アジア諸国の間での取引関係が再構築されている可能性が示唆される。また、図3-4では（各国別ではなく）ASEAN4カ国とNIEs3カ国[6]をまとめ

---

[4] 表3-1のASEAN4とASEAN5の値の差がベトナムの値であり、CLMVの大部分をベトナムが占めることが確認できる。
[5] 東アジア域内の生産ネットワークの深化に関する分析の詳細については、Ando（2013）を参照のこと。
[6] NIEs3カ国とは、NIEs4カ国のうち台湾を除く3カ国である。

66　第Ⅱ部　生産ネットワークの新展開

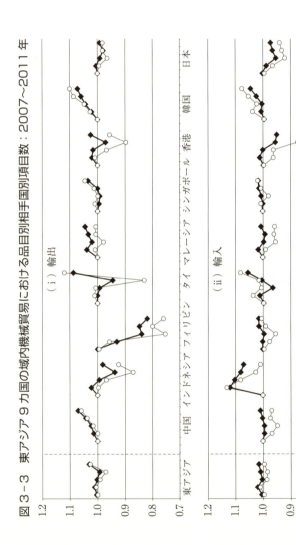

図3-3　東アジア9カ国の域内機械貿易における品目別相手国別項目数：2007～2011年

注：域内貿易相手国は東アジア15カ国である。項目数は2007年の値を基準として指数化したものであり、データは2007年からの5年分を示している。
出所：Ando (2013) のデータをもとに作成。

第3章 東アジアの生産ネットワーク 67

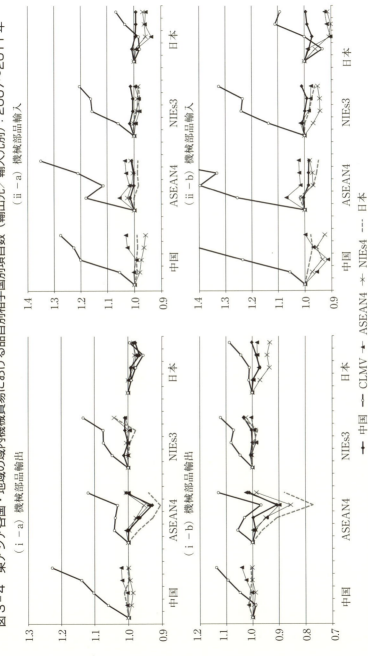

図3-4 東アジア各国・地域の域内機械貿易における品目別相手国別項目数（輸出先／輸入元別）：2007〜2011年

注：項目数は各国・地域の2007年の値を基準として指数化したものであり、データは2007年からの5年分を示している。
出所：Ando (2013) のデータをもとに作成。

て示しているが、この図から、CLMVとの貿易項目数が、輸出入、特に輸入において急増していることは一目瞭然である(7)。貿易額自体は依然として小さいものの、ベトナムを中心としてCLMVとの新たな取引関係が急速に構築されていると推測される。これらの国々が、他の東アジア諸国との輸出入を通じて生産ネットワークに参加しつつあると言えよう。

中でもベトナムと中国、ベトナムとASEAN4とのリンクが強化されつつあり、近年いかに急速にベトナムが域内の生産ネットワークに参入しつつあるかがうかがえる。また、中国は、域内、とりわけASEAN諸国から輸入した部品・中間財を用いて生産した完成品を供給する傾向を強化し、韓国は域内の生産ネットワークにおいてより活発なプレーヤーになりつつある。このように、東アジア域内での国際分業体制は、すでに生産ネットワークに参加している東アジア諸国の間で取引関係が再構築されるとともに、東アジアの後発国を生産ネットワークの中に急速に取り込みながら、さらなる深化を遂げている。

本節の最後に、東アジアの生産ネットワークにとっての最終財市場も変化しつつあることを指摘しておきたい。完成品の域内向け輸出は、2007年からの4年間で5割増加し、域内比率も30%から36%に上昇している。東アジアの生産ネットワークを通じて生産された財の消費地として、北米や欧州が重要であることに変わりはないが、東アジア自体が、生産地としてのみならず、最終財の消費地としての重要性を増している。

3　北米の生産ネットワークとのリンク[8]

本章の冒頭でも触れたように、北米では米国とメキシコとの間という、先進国と途上国との間の比較的シンプルな形での国際分業体制が形成されてき

---

(7)　CLMVの場合、2007年時点での項目数が少ないため、2007年の値を基準とした指標は、項目数の増加に伴って大きくなりやすい。しかし、輸出、輸入ともに短期間でこれだけ項目数が急速に増加しているのは、紛れもなく、大きな変化である。

(8)　東アジアと北米の生産ネットワークのリンクに関する分析の詳細については、Ando and Kimura（2014）を参照のこと。

た。その典型例は、企業内取引を中心としたものであり、米国の親会社がメキシコに設立した子会社に部品・中間財を供給し、メキシコの子会社がその完成品を米国の親会社に戻すというものである。

　北米と東アジアの関係においては、米国の東アジアからの輸入という面で両者のつながりがもともと強く、1990年代初頭の時点ですでに米国による機械輸入の約半分、電気電子輸入に限れば6割前後が東アジアからの輸入であった（表3-2）。電気電子の完成品輸入にいたっては7割を東アジアが占めていたほどである。その後20年の変化を見ると、東アジアの比率はあまり変化していないものの、金額的には名目ベースで約4倍に拡大している。さらに、米国の東アジアからの輸入項目数は、機械産業全体の部品・中間財、完成品のいずれも増加している。図3-5は、品目別・相手国別輸入項目数を1991年から5年ごとに図示したものであるが[9]、機械全体では、部品も完成品も3割増であることが確認できるだろう[10]。米国は、新たな取引関係も構築しながら、東アジアとのつながりをさらに強化していると考えられる。

　興味深いのは、そのような直接的な結びつきを維持しつつ、メキシコを介して東アジアとのリンクを強化しているという点である[11]。メキシコに着目すると、東アジアからの機械輸入額は、1991年からの20年間で大幅に拡大しており（名目ベースで56倍）、対世界機械輸入に占める東アジアの割合は1割以下から4割強へと増加している。とりわけ機械部品・中間財の場合、同期間の東アジアからの輸入は金額で130倍に、対世界比率で7％から43％へと拡大している。電気電子産業の部品・中間財に限れば、金額では180

---

[9] ここでは、東アジア、メキシコ、カナダについては1991年の米国を基準、米国については1991年のカナダの値を基準としている。
[10] もともと東アジア比率の高い電気電子輸入の項目数においては、完成品については20年前の水準に戻っているものの、部品に関しては2割増である。一方、金額的には小さい輸送機器輸入の項目数に関しては、部品も完成品も5〜6割増加しており、新たな取引関係の存在が示唆される。
[11] メキシコは例外であるが、ほとんどの中南米諸国は輸入代替型のオペレーションを行っている。機械輸入はある程度あるものの機械部品輸出比率が著しく低いため、図3-2では右の方に固まっている。

表3-2 北米各国による機械輸入における東アジアの重要性

	年	輸入元	合計	米国 部品	完成品	輸入元	合計	メキシコ 部品	完成品	輸入元	合計	カナダ 部品	完成品
(a) 全機械産業 金額 (1991年=1)	2011	世界	3.8	3.6	3.9	世界	12.5	20.9	7.2	世界	3.0	2.5	3.5
	2011	東アジア	3.7	3.7	3.7	東アジア	55.9	129.8	26.9	東アジア	4.4	5.2	4.1
	2011	メキシコ	9.4	6.5	12.5	米国	7.6	12.4	4.4	米国	2.3	1.9	2.7
	2011	カナダ	2.1	1.9	2.2	カナダ	17.0	23.7	12.4	メキシコ	9.8	6.4	13.3
対世界比率 (%)	1991	東アジア	47.7	41.3	52.0	東アジア	9.5	7.0	11.1	東アジア	15.5	9.2	21.7
	1991	メキシコ	6.9	8.9	5.5	米国	61.4	64.0	59.7	米国	68.1	73.9	62.2
	1991	カナダ	17.9	16.9	18.6	カナダ	1.6	1.7	1.5	メキシコ	2.8	2.9	2.7
	2011	東アジア	46.8	43.0	49.2	東アジア	42.6	43.3	41.2	東アジア	22.6	18.9	25.3
	2011	メキシコ	17.0	16.1	18.0	米国	37.3	37.9	36.3	米国	51.6	56.5	48.0
	2011	カナダ	9.9	9.2	10.3	メキシコ	2.1	1.9	2.6	メキシコ	9.1	7.4	10.4
(b) 電気電子産業 金額 (1991年=1)	2011	世界	4.5	3.3	5.8	世界	19.5	29.8	10.7	世界	3.3	2.4	5.0
	2011	東アジア	4.3	3.1	5.3	東アジア	72.5	179.7	28.5	東アジア	6.4	6.3	6.4
	2011	メキシコ	6.6	4.2	10.2	米国	9.6	13.7	6.2	米国	1.8	1.5	2.4
	2011	カナダ	1.7	1.1	3.4	カナダ	11.2	11.8	10.4	メキシコ	19.6	9.9	36.1
対世界比率 (%)	1991	東アジア	60.7	52.4	70.1	東アジア	15.0	9.5	19.8	東アジア	20.5	11.2	35.7
	1991	メキシコ	13.2	14.9	11.4	米国	55.4	55.3	55.5	米国	59.3	64.5	50.8
	1991	カナダ	8.0	11.7	3.9	カナダ	1.7	2.0	1.4	メキシコ	2.5	2.6	2.5
	2011	東アジア	57.7	49.5	63.0	東アジア	55.9	57.1	53.0	東アジア	39.0	30.2	46.0
	2011	メキシコ	19.5	18.8	19.9	米国	27.4	25.4	32.3	米国	31.8	41.8	24.0
	2011	カナダ	2.9	3.9	2.3	メキシコ	1.0	0.8	1.4	メキシコ	14.9	10.8	18.0
(c) 輸送機器産業 金額 (1991年=1)	2011	世界	2.8	3.3	2.6	世界	16.5	29.5	9.5	世界	2.8	2.3	3.1
	2011	東アジア	2.1	3.4	1.7	東アジア	65.5	145.5	35.2	東アジア	2.3	4.2	1.8
	2011	メキシコ	10.8	9.8	11.3	米国	14.3	26.6	7.2	米国	2.5	1.9	3.0
	2011	カナダ	2.0	1.7	2.0	カナダ	42.6	62.5	31.9	メキシコ	6.4	4.0	8.1
対世界比率 (%)	1991	東アジア	39.8	34.2	41.6	東アジア	4.8	3.8	5.4	東アジア	15.1	7.1	20.6
	1991	メキシコ	5.2	7.5	4.5	米国	65.3	68.2	63.7	米国	71.7	82.3	64.4
	1991	カナダ	34.3	31.4	35.2	カナダ	2.2	2.2	2.2	メキシコ	4.1	4.2	4.0
	2011	東アジア	29.7	35.2	27.6	東アジア	19.2	18.7	20.1	東アジア	12.4	13.3	12.0
	2011	メキシコ	20.3	22.3	19.5	米国	56.5	61.6	48.0	米国	65.1	69.2	63.1
	2011	カナダ	24.2	16.6	27.3	メキシコ	5.7	4.6	7.4	メキシコ	9.5	7.4	10.5

出所: Ando and Kimura (2014).

第3章　東アジアの生産ネットワーク　71

図3-5　北米各国における機械輸入における品目別・相手国別項目数：1991～2011年

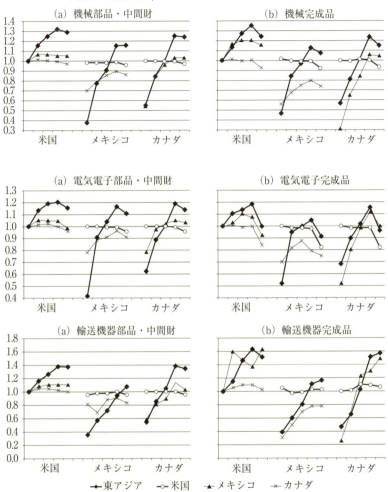

注：データは1991年から5年ごとの値を示している。東アジア、メキシコ、カナダについては1991年の米国を基準、米国については1991年のカナダの値を基準としている。機械部品・中間財、機械完成品は、機械産業全体のものである。
出所：Ando and Kimura（2014）．

倍に、比率は1割弱から6割近くへと、さらに大幅な増加を見せている。電気電子部品を中心に、東アジアからの部品供給の重要性がいかに急速に増しているかがわかるだろう。

　また、図3-5の輸入項目数の変化から示唆されるように、メキシコの東アジアからの部品輸入項目数は、1994年に発効された北米自由貿易協定（North American Free Trade Agreement: NAFTA）締結以降、著しく増加している。中でも電気電子部品の場合、1991年の時点では米国の項目数の4割程度であったものの、2011年には米国とほぼ同じ水準（米国の1991年の値の約1.1倍）に達している。また、表3-3は、各時点での北米・東アジア諸国からの輸入品目数が各国の対世界輸入品目数に占める割合を示したものであるが、この表から、電気電子産業において東アジア各国の品目数が大幅に増加していることが確認できる。例えば、中国では1991年の34％から2011年の99％に、日本では93％から97％に、韓国では36％から86％、マレーシアでは16％から78％に、タイでは8％から76％にといったように、多くの東アジアの国において取引関係の新たな構築が進んでいる。したがって、上述したようなメキシコの東アジアからの機械輸入額、とりわけ部品輸入額の急増は、単にそれまで取引されていた項目の輸入増加のみならず、新たに構築された貿易関係の大幅な拡大によるものであり、さらに、それがNAFTA締結以降、顕著に現れていると言える。

　このように東アジアからの機械部品輸入が増える一方で、メキシコの機械輸出の大部分は依然として米国向けである。メキシコの輸出に占める米国の割合は、部品で9割弱、完成品で8割程度と非常に高い。また、米国側から見ると、メキシコからの機械輸入割合は、完成品で6％から18％に、部品で9％から16％へと増加している。図3-5が示すように、米国のメキシコからの輸入項目数も増加しており、とりわけNAFTA締結以降の完成品輸入項目数の増加が著しい。したがって、北米において、米国と東アジアとのつながりはもともと強かったものの、NAFTA締結や保税加工制度であるマキラドーラや産業分野別生産促進プログラム（PROSEC）のような税制面での優遇制度を受けて米国とメキシコの分業体制がより一層強化され、その中で、東アジアからメキシコへの部品供給の重要性が増す形で、メキシコを介して

表3-3 各年における北米3カ国の域内・東アジア各国からの輸入品目数（各国の対世界輸入品目数に占める割合）

		米国			メキシコ			カナダ		
	年	1991	2001	2011	1991	2001	2011	1991	2001	2011
(a) 全機械産業										
	米国				99	99	99	99	99	100
	メキシコ	67	77	80				29	61	74
	カナダ	93	94	94	57	75	78			
	中国	64	86	94	22	72	93	30	79	95
	香港	59	60	61	31	36	43	40	52	58
	インドネシア	11	35	39	4	25	38	2	22	39
	日本	93	92	90	75	84	84	76	86	88
	韓国	64	78	81	17	61	71	41	62	75
	マレーシア	29	49	54	6	36	47	11	34	49
	フィリピン	22	35	39	3	22	31	7	22	36
	シンガポール	46	54	55	14	33	43	20	35	42
	タイ	31	47	56	5	32	51	10	34	55
(b) 電気電子産業										
	米国				100	100	100	100	100	100
	メキシコ	85	92	92				57	87	97
	カナダ	95	97	97	71	86	89			
	中国	83	97	100	34	89	99	49	95	100
	香港	83	82	86	52	62	70	62	74	79
	インドネシア	22	60	64	6	55	63	5	43	62
	日本	99	99	98	93	96	97	92	98	98
	韓国	84	92	94	36	78	86	70	82	92
	マレーシア	61	76	80	16	68	78	31	64	80
	フィリピン	40	61	64	8	52	57	19	44	64
	シンガポール	79	76	77	30	64	68	46	60	67
	タイ	54	69	74	8	59	76	19	56	78
(c) 輸送機器産業										
	米国				98	98	98	99	99	98
	メキシコ	52	66	73				24	53	65
	カナダ	89	96	94	44	71	73			
	中国	43	65	71	15	41	69	13	53	76
	香港	27	35	35	14	13	16	14	21	37
	インドネシア	10	20	27	8	18	23	4	19	26
	日本	73	71	69	47	51	55	54	60	70
	韓国	42	57	53	3	32	62	29	38	52
	マレーシア	7	25	25	1	14	22	2	18	26
	フィリピン	15	19	24	1	6	12	2	14	21
	シンガポール	17	23	32	4	8	20	10	16	23
	タイ	20	27	43	2	18	31	9	21	37

出所：Ando and Kimura（2014）.

北米と東アジアの生産ネットワークの結びつきが強化されてきたと考えられる。

Ando and Kimura（2014）では、1991年と2011年の北米3カ国の機械輸入に関して、60カ国を対象としたグラビティ・モデル推計を行い、このような東アジアとの関係を統計的に検証している。ベンチマークとなる推計式は以下のとおりである。

$$\ln T_{ij} = \alpha + \beta_1 \ln Dist_{ij} + \beta_2 \ln GDP_i + \beta_3 \ln GDP_j + \beta_4 \ln GDP_{pc_{ij(i>j)}} \\ + \beta_5 \ln GDP_{pc_{ij(i<j)}} + \varepsilon$$

ここで、T_{ij} は i 国の j 国からの輸入額、$Dist_{ij}$ は i 国と j 国の距離、GDP_i（GDP_j）は i 国（j 国）の GDP、$GDP_{pc_{ij}}$ は i 国と j 国の1人当たり GDP の差の絶対値である。なお、$GDP_{pc_{ij(i>j)}}$ は i 国の1人当たり GDP が j 国の1人当たり GDP より高いケース、$GDP_{pc_{ij(i<j)}}$ は i 国の1人当たり GDP が j 国の1人当たり GDP より低いケースである。この基本式に東アジアダミーや東アジアダミーと北米3カ国のダミーの交差項を加えて、東アジアとの関係を分析する。また、貿易総額は、品目数（extensive margin）と1品目当たりの金額（intensive margin）に分解できるため、左辺の輸入額（T_{ij}）の代わりに、輸入品目数（N_{ij}）、1品目当たりの輸入額（T_{ij}/N_{ij}）を用いた分析も行っている。なお、ここでは、貿易がないケースも考慮するため、ポワソン疑似最尤法（PPML）によって推定する。

表3-4は、機械産業全体と電気電子産業についての分析結果の一部を抜粋したものである。(a) が上記の基本推計式の結果であり、基本式に東アジアダミーを加えたものが (b)、基本式に東アジアダミーと北米各国ダミーの交差項を加えたものが (c) である。(b) において東アジアダミーが正で有意であることから、北米3カ国の東アジアからの輸入は、距離や GDP などの経済的要因で説明できる水準を上回ることがわかるが、最も興味深いのは、(c) の結果が示唆するように、メキシコと東アジアのリンクが強化されていることである。1991年の分析においてメキシコと東アジアの交差項は機械産業全体では負で統計的に有意、電気電子産業では正ではあるが統計的には

第3章　東アジアの生産ネットワーク

表3−4　北米の機械部品・中間財輸入：グラビティ・モデル推計

	機械産業 1991年				機械産業 2011年				電気電子産業 1991年				電気電子産業 2011年			
	(1)				(2)				(3)				(4)			
(a) ベンチマーク																
距離	−0.89***				−0.41***				−0.84***				−0.22			
GDPi	1.21***				0.73***				1.23***				0.50***			
GDPj	1.12***				1.10***				0.98***				0.86***			
GDP$pcij$ ($i>j$)	0.18				0.04				0.44**				0.10			
GDP$pcij$ ($i<j$)	0.25**				0.05				0.52**				0.08			
定数	−37.96				−26.64***				−38.44***				−16.50***			
(b) (a) ＋東アジアダミー（抜粋）																
	(1)				(2)				(3)				(4)			
東アジア	1.51***				1.43***				2.32***				2.29***			
(c) (a) ＋東アジアダミーと北米各国ダミーの交差項（抜粋）																
	(1)				(2)				(3)				(4)			
東アジア×米国	1.74***				1.39***				2.61***				2.20***			
東アジア×メキシコ	−0.44***				2.19***				0.12				3.41***			
東アジア×カナダ	1.01***				0.56*				1.32***				1.02***			
(d) extensive/intensive margin 別：(a)＋東アジアダミー（抜粋）																
	(1) EX	(1) IN			(2) EX	(2) IN			(3) EX	(3) IN			(4) EX	(4) IN		
東アジア	0.16	1.80***			0.15***	1.65***			0.42***	2.48***			0.21***	2.48***		
(e) extensive/intensive margin 別：(a)＋東アジアダミーと北米各国ダミーの交差項（抜粋）																
	(1) EX	(1) IN			(2) EX	(2) IN			(3) EX	(3) IN			(4) EX	(4) IN		
東アジア×米国	0.18	2.06***			0.13	1.65***			0.43	2.77***			0.21**	2.40***		
東アジア×メキシコ	−0.04	−0.26			0.09	2.42***			0.22	0.27			0.15***	3.80***		
東アジア×カナダ	0.28	1.25***			0.25***	0.65*			0.56***	1.57***			0.29***	1.21***		

注：GDPi (j) は i (j) 国の GDP を、GDP$pcij$ ($i>j$) は1人当たり GDP の差の絶対値（i 国の値が j 国の値より大きいケース）、GDP$pcij$ ($i<j$) は1人当たり GDP の差の絶対値（j 国の値が i 国の値より大きいケース）を示している。また、"EX" と "IN" は extensive margin と intensive margin を指す。***、**、* は1％水準、5％水準、10％水準での統計的有意性を示す。詳細については、Ando and Kimura (2014) を参照のこと。
出所：Ando and Kimura (2014) の表から一部抜粋。

有意でなかったのに対し、2011年の分析ではどちらも正で統計的にも有意な結果となっている。しかも東アジアとのつながりの強い米国の値を超えて、北米3カ国の中でも最も係数が大きい。また、extensive margin と intensive margin の分析におけるメキシコと東アジアの交差項の結果を見ると、例えば電気電子産業の1991年の分析では extensive margin、intensive margin ともに統計的に有意な結果が見られないのに対し、2011年の分析では、いずれの場合も正で統計的に有意となっている。このような計量的な分析からも、とりわけ電気電子産業において、既存の取引関係を強化するとともに、新規取引の構築を通じてメキシコの東アジアからの輸入が増加し、東アジアの生産ネットワークが北米の国際分業体制において重要な地位を占めるようになってきたと示唆される。

　なお、機械産業と言っても、産業による違いはある。補論において詳しく議論するように、標準化されたものや小さくて軽量な部品・中間財が多い電気電子産業においては物理的な距離を隔てた取引が比較的容易であるが、輸送機器産業では、より産業集積が好まれ、輸送費も高いため、近場での取引が中心となる。例えば、表3-3の輸入品目数（各国の対世界輸入品目に占める割合）を見ると、電気電子産業では北米3カ国ともに、インドネシアとフィリピンを除く東アジア諸国でほぼ7割以上（中国、日本、韓国は9割以上）であるのに対し、輸送機器産業では5割を超えるのが中国と日本と韓国（メキシコを除く）の3カ国だけである。また、東アジアからの輸送機器部品輸入の域内比率は小さい。しかし、金額的には伸び率が高く、項目数もとりわけ2000年代半ば以降、急速に伸びている（図3-5）。輸送機器産業においても、電気電子産業ほどではないものの、近年、メキシコによる東アジアからの部品輸入は確実に増加し、地理的な枠を大きく超えた国際分業が進展しつつあると考えられる。

4　欧州の生産ネットワークとのリンク[12]

　欧州では西欧の先進国と中東欧の途上国の間での分業体制は見受けられたものの、中東欧側に十分な産業集積が発展しておらず、中東欧諸国間での取

第3章　東アジアの生産ネットワーク　77

表3-5　中東欧諸国による機械輸入における東アジアの重要性

	年	輸入元／輸出先	中東欧（5カ国） 合計	部品	完成品	輸入 チェコ	ハンガリー	ポーランド	ルーマニア	スロバキア	輸出 中東欧（5カ国） 合計	部品	完成品
(a) 全機械産業													
金額(1995年=1)	2010	世界	7.2	10.3	5.0	8.0	13.9	8.5	11.3	18.5	14.2	11.8	17.0
	2010	東アジア	26.3	55.9	13.2	58.4	71.9	58.0	7.9	176.6	15.7	15.8	15.6
	2010	西欧	4.6	6.8	2.9	4.5	8.9	5.6	10.5	15.4	13.8	10.8	18.5
	2010	中東欧	11.8	11.5	12.2	9.2	35.7	12.9	43.0	5.7	13.4	13.3	13.5
対世界比率 (%)	1995	東アジア	8.7	6.3	10.4	4.5	6.3	6.4	14.8	3.7	2.9	2.7	3.3
	1995	西欧	59.0	61.8	56.9	68.3	67.4	58.6	55.3	42.6	51.6	58.6	43.6
	1995	中東欧	6.5	8.7	4.8	9.9	2.9	4.4	4.1	35.7	12.8	12.6	13.1
	2010	東アジア	31.5	33.9	27.9	32.9	32.7	43.9	10.3	35.1	3.3	3.6	3.0
	2010	西欧	37.7	40.5	33.5	38.7	43.0	39.0	51.6	35.4	50.3	53.8	47.5
	2010	中東欧	10.5	9.6	11.9	11.5	7.5	6.8	15.5	10.9	12.1	14.2	10.4
(b) 電気電子産業													
金額(1995年=1)	2010	世界	11.3	12.1	9.8	8.4	16.9	9.6	12.9	24.6	17.5	9.7	42.9
	2010	東アジア	38.8	56.9	21.3	50.8	112.6	54.4	7.5	210.6	17.5	10.7	45.5
	2010	西欧	5.4	5.9	4.2	3.6	8.0	4.1	11.9	13.4	13.5	7.4	41.3
	2010	中東欧	24.5	18.5	36.1	12.2	47.9	35.1	100.3	6.6	29.8	23.7	40.0
対世界比率 (%)	1995	東アジア	12.6	9.5	18.1	6.7	6.9	11.2	25.3	5.2	2.5	2.7	2.1
	1995	西欧	55.8	61.4	45.6	70.9	66.1	52.5	51.9	44.1	63.2	67.8	48.5
	1995	中東欧	5.3	5.4	5.1	5.7	2.0	1.7	2.7	30.8	8.9	7.3	14.1
	2010	東アジア	43.2	44.9	39.5	40.8	45.8	63.4	14.7	44.1	2.5	2.9	2.3
	2010	西欧	26.8	29.9	19.8	30.4	31.4	22.6	47.9	24.1	48.9	51.7	46.7
	2010	中東欧	11.5	8.3	18.7	8.3	5.6	6.1	21.0	8.3	15.1	17.8	13.2
(c) 輸送機器産業													
金額(1995年=1)	2010	世界	8.4	12.2	6.4	11.2	13.8	7.3	26.6	35.3	13.0	18.7	11.1
	2010	東アジア	7.6	45.3	3.4	57.6	9.0	33.2	25.0	508.4	14.1	28.9	11.8
	2010	西欧	7.7	12.4	5.2	11.4	14.2	7.7	25.7	57.1	14.4	21.4	11.7
	2010	中東欧	10.0	10.0	9.9	6.7	28.9	6.3	62.1	13.3	10.3	11.3	9.6
対世界比率 (%)	1995	東アジア	10.0	3.0	13.7	2.2	9.0	2.2	4.3	1.3	2.8	1.4	3.3
	1995	西欧	57.5	59.4	56.5	59.6	67.8	62.0	59.6	30.5	47.2	51.1	45.8
	1995	中東欧	11.1	18.5	7.3	27.2	7.2	10.6	6.8	56.0	12.8	22.7	9.4
	2010	東アジア	9.0	11.0	7.1	11.2	5.8	9.9	4.0	18.1	3.0	2.2	3.5
	2010	西欧	52.8	60.4	45.5	60.6	69.6	65.7	57.7	49.3	52.2	58.5	48.5
	2010	中東欧	13.1	15.2	11.1	16.4	15.0	9.2	15.8	21.0	10.2	13.7	8.1

出所：Ando and Kimura (2013).

引はあまり活発ではなかった。表3-5は、1995年と2010年における中東欧5カ国（チェコ、ハンガリー、ポーランド、ルーマニア、スロバキア）の取引先別機械貿易パターンをまとめたものである。1995年の時点で中東欧諸国にとって主要な貿易相手国は西欧であり、その割合は輸入で約6割、輸出で約5割（部品のみだと6割弱）であった。しかし、2010年になると、輸出において西欧比率が約5割を維持しているのに対し、輸入においては機械産業全体で4割弱、電気電子産業では3割弱へと下落している。また、図3-6は、中東欧5カ国による機械貿易の項目数（品目別かつ相手国別）の合計を示しているが、西欧への輸出項目数が増える一方で、同地域からの輸入項目数はほとんど変わっていない[13]。したがって、中東欧諸国にとって西欧が重要な輸出先であることに変わりはないが、輸入先としての重要性は相対的に下がってきていると考えられる。

　その一方で、中東欧諸国間の取引は急速な拡大を見せている。1995年時点での中東欧諸国間の取引は、輸入で7%、輸出でも13%程度と、かなり小さいものであった。しかし、同取引は、1995年からの15年間で輸出入ともに名目ベースで10倍以上に拡大している。さらに、電気電子産業に限れば同取引は輸入で25倍に、輸出で30倍に増加し、その結果、中東欧諸国間での取引比率は輸入で1995年の5%から2010年の12%へ、輸出では9%から15%へと上昇している。また、図3-6の貿易項目数を見ても、輸出入ともに、中東欧諸国間での貿易項目数が増加しており、取引関係が強化されていることがわかる。図3-7は、中東欧各国の機械輸入について、1995年時点で中東欧5カ国の中で最も項目数の多いチェコの値を基準として指標化した輸入項目数を示したものであるが、多くの国で他の中東欧諸国の値が2000年から2005年にかけて大幅に上昇している。これらの事実は、2004年の欧州連合（European Union: EU）拡大に伴って国際分業体制が大きく変化し、中東欧側の産業集積も発展してきたことを裏付けている。

---

(12) 東アジアと欧州の生産ネットワークのリンクに関する分析の詳細については、Ando and Kimura (2013) を見てほしい。
(13) この図では、東アジアは9カ国、西欧は6カ国、中東欧は5カ国を対象としているため、合計数を地域比較する際には注意が必要である。

図3-6 中東欧5カ国による機械貿易の品目別相手国別項目数（合計）:
1995年、2010年

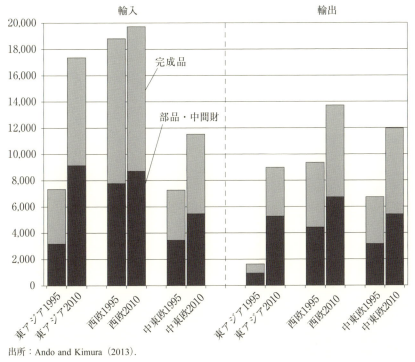

出所：Ando and Kimura（2013）.

　さらに興味深いのは、中東欧5カ国の機械輸入についても、北米におけるメキシコのケースと同様、東アジアの重要性が高まっているということである。中東欧の東アジアからの機械部品・中間財輸入は、1995年から2010年にかけて金額（名目ベース）で56倍、対世界比率では6%から34%へと拡大している。電気電子部品にいたっては、東アジアからの輸入が金額で57倍、比率では1割弱から45%へと増加している。また、図3-6や図3-7から明らかなように、東アジアからの輸入項目数も著しく増加している。とりわけポーランドに限って見れば、2000年時点でも中東欧5カ国の中で東アジアからの輸入項目数が最も少なかったにもかかわらず、2005年には同時期のチェコの水準と同レベルかはるかに上回るほどに増加し、電気電子部

80　第Ⅱ部　生産ネットワークの新展開

図3-7　中東欧5カ国の機械輸入における品目別相手国別項目数：1995～2010年

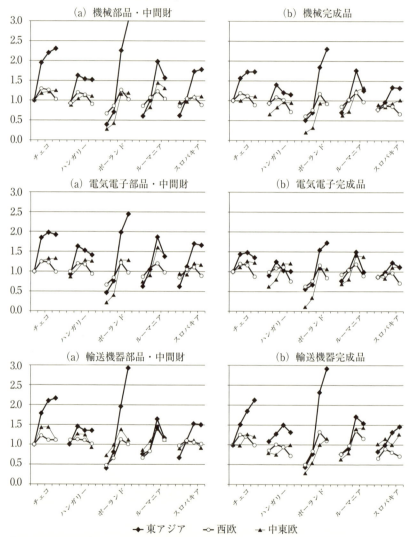

注：データは1995年から5年ごとの値を示しており、チェコの1995年の値を基準としている。
　　機械部品・中間財、機械完成品は、機械産業全体のものである。
出所：Ando and Kimura（2013）.

品の東アジアからの輸入割合は2010年時点でなんと6割を超える水準に達するほどである。したがって、単純に既存の取引関係の拡大のみならず、新たな品目や国との取引関係の構築を通じて、東アジアから中東欧への部品供給が急速に拡大したと考えられる。

　本章では省略しているが、グラビティ・モデル推計の結果からも、中東欧5カ国による機械輸入、とりわけ機械部品輸入における東アジアの重要性が確認できる。北米による機械輸入の分析と同じようなextensive marginとintensive marginの分析結果を見ると、いずれの分析においても東アジアダミーが正で統計的に有意となっている。ここからも、単純に既存の取引関係を強化しただけではなく、新規取引の構築を通じて中東欧の東アジアからの輸入が拡大したことが示唆される。

　以上の分析結果を総合すると、欧州では、EU拡大以降、中東欧側の産業集積の発展とともに、先進国と途上国間という単純な国際分業体制から広義の意味での域内分業体制へと進展し、さらには、東アジアから中東欧への部品供給の重要性が増す形で、中東欧諸国を介して東アジアと欧州の生産ネットワークとの結びつきが強化されてきたと考えられる。

　なお、メキシコのケースと同様、機械産業の中でも輸送機器産業の場合には、近場の取引が重視される傾向にある。輸送機器産業では、輸出入ともに、部品の約4分の3が、完成品の6割弱が欧州域内（西欧・中東欧の合計）である。また、電気電子部品輸入の東アジア比率が10％から45％に拡大しているのに対し、輸送機器部品輸入のそれは1995年時点では3％、2011年の時点でも1割程度である[14]。しかし、東アジアからの輸入は、金額的には45倍に拡大し、項目数も確実に増えている。したがって、電気電子産業ほどではないものの、輸送機器産業においても、中東欧諸国による東アジアからの部品輸入という取引関係は確実に拡大しつつある。

---

(14)　国別に見れば、スロバキアの東アジア比率は1.3％から18％へと急増している。

5 おわりに

　本章では、東アジア域内での生産ネットワークがとりわけ近年深化を見せていること、また、機械産業、中でも電気電子産業において、地域という枠を超えた生産面での結びつきが強化されつつあり、北米や欧州の生産ネットワークにおいて東アジアの重要性がいかに高まっているかを議論してきた。東アジアの生産ネットワークが他地域の生産において重要な地位を占めるようになった背景には、通商政策の変化に加え、輸送費などのサービス・リンク・コストの低下、双方向の多国籍企業による活動の活発化（米国の企業による東アジアへの直接投資と北米市場を狙う日本や韓国の企業によるメキシコへの直接投資や、西欧の企業による東アジア進出や欧州市場を狙う日本や韓国などの企業による中東欧進出）、生産ベースとしての東アジアの競争力の強化などの要因が寄与していると考えられる。

　また、補論でも詳しく説明しているように、機械産業といっても、産業の特性によって国際分業体制の違いが存在する。標準化されたものや小さくて軽量な部品・中間財が多い電気電子産業においては、物理的な距離を隔てた取引が比較的容易であるのに対し、より産業集積を好み、輸送費も高い輸送機器産業では、近場の域内での取引が中心となる。しかし、そのような輸送機器産業においても、電気電子産業ほどではないものの、メキシコや中東欧諸国による東アジアからの部品輸入は確実に増加しており、地理的な枠を大きく超えた国際分業が進展しつつあるのもまた事実である。

　国際分業体制のさらなる活発化のためには、より一層のサービス・リンク・コストの削減が重要であり、さまざまな政策環境も必要不可欠である。例えば輸送費と言っても、単に金銭面でのコストのみならず、時間コストやロジスティクス面での確実性も考慮しなくてはいけない。関税の削減・撤廃のみならず、非関税措置の削減・撤廃、通関の効率性や関連サービスの自由化などの貿易円滑化、経済制度の調和なども重要である。ほかにも、サービスや投資の自由化、電力供給などの経済インフラの整備、知的所有権や競争政策の改善なども重要である。立地の優位性やビジネス環境をさらに改善するうえで、域内のみならず地域を超えて展開されるFTAを活用するメリッ

附表 3-1　4 層からなる生産ネットワーク内取引

	第 1 層 （産業集積内）	第 2 層 （サブ地域内）	第 3 層 （地域内）	第 4 層 （グローバル）
リードタイム	2.5 時間以内	1～7 日	1～2 週間	2 週間～2 カ月
取引頻度	1 日 1 回以上	週 1 回以上	週 1 回	週 1 回以下
輸送モード	トラック	トラック/船/飛行機	船/飛行機	船/飛行機
トリップ長	100km 以内	100–1,500km	1,500–6,000km	6,000km 以上

出所：木村・安藤（2016）。

トも大きいはずである。

補論　電気電子産業と輸送機器産業の特性[15]

　生産ネットワークにおいて上流・下流との取引は、上流・下流の生産ブロックとの距離によって、重層的に設計されている。上流・下流との取引を、第 1 層：産業集積内（100km 以内）、第 2 層：サブ地域内（100-1,500km）、第 3 層：地域内（1,500-6,000km）、第 4 層：グローバル（6,000km 以上）と 4 つの層に分けると、それぞれの取引に典型的なリードタイム、取引頻度、輸送モードが異なってくる（附表 3-1）。部品在庫を生産の 2 時間分以下に切り詰めるような本当の意味でのジャスト・イン・タイムは、第 1 層のみで行われている。第 2 層もまだ時間費用を十分に意識した取引となるが、第 3 層、第 4 層となるにつれてゆったりとした管理体制となり、部品・完成品在庫も 2 週間～1.5 カ月分持つようになる。各工場は、これら 4 つの層の取引を適宜組み合わせて、生産ネットワークの一翼を担うことになる。

　電気電子産業では、多くの場合、部品・中間財の重量・体積当たり価値が高く、したがってサービス・リンク・コストが低い。また、部品サプライヤー、アセンブラーとも一定の力を有しており、企業間関係もバランスしている場合が多い。また、企業間インターフェイスはモデュール型である。以上のことから、長距離取引を積極的に含んだ生産ネットワークを構築する。

[15]　詳細については、木村・安藤（2016）を参照のこと。

それに対し自動車産業では、体積・重量の大きい部品・中間財が多く、サービス・リンク・コストが高い。部品サプライヤーに比べてアセンブラーの力が強く、また企業間インターフェイスはフルインテグラル型の傾向が強い。したがって、近距離取引を中心とする生産ネットワークとなる。

第3節や第4節で示すような新興国による東アジアからの電気電子部品輸入の爆発的な増加は、電気電子産業の生産ネットワークが、第3層である地域を超えて第4層のグローバルに展開されつつあることを示唆する。一方、新興国による東アジアからの輸送機械部品輸入は、伸び率は高いが、それぞれの地域内輸入に比べれば小さな比率にとどまっている。これは、自動車産業の集積が第1層と第2層を中心とするものであり、地域でほぼ完結する傾向が強いことを示している。

参考文献

Ando, Mitsuyo (2010) "Machinery Trade in East Asia and the Global Financial Crisis," *Korea and the World Economy*, 11(2): 361-394.
Ando, Mitsuyo (2013) "Development and Restructuring of Regional Production/Distribution Networks in East Asia," *ERIA Discussion Paper*, 2013-33.
Ando, Mitsuyo and Fukunari Kimura (2013) "Production Linkage of Asia and Europe via Central and Eastern Europe," *Journal of Economic Integration*, 28(2): 204-240.
Ando, Mitsuyo and Fukunari Kimura (2014) "Evolution of Machinery Production Networks: Linkage of North America with East Asia," *Asian Economic Papers*, 13(3): 121-160.
安藤光代（2014）「東アジアにおける生産ネットワーク――域内でのさらなる深化と他地域との結びつき」馬田啓一・木村福成編著『アジア太平洋の新通商秩序――TPPと東アジアの経済連携』文眞堂.
木村福成・安藤光代（2016）「第9章 国際的生産・流通ネットワークの展開と理論・実証研究」木村福成・椋寛編『国際経済学のフロンティア――グローバリゼーションの拡大と対外経済政策』東京大学出版会.

第4章
生産ネットワークと生産性・雇用
―― 海外直接投資の企業データによる分析

松浦寿幸

1 はじめに[1]

　企業の国際的な生産ネットワークは、海外直接投資による自社の海外子会社との工程間分業の拡大によって世界各国に展開している。こうした海外拠点との工程間分業のうち、近年、途上国の生産拠点との分業関係が深まっており、その結果、先進国の多くの製造業企業で非生産部門従業者数が顕著に増加していることが指摘されている。例えば、米国企業を対象としたFeenstra and Hanson (2001) によると1970年には約35%であった非生産部門従業者比率が1990年には45%にまで上昇している。こうした途上国向けの海外直接投資の増加は、国内の従業員の削減や事業所閉鎖などのリストラを促すものとして、研究者のみならず政策担当者の注目を集めている。わが国の製造業企業の場合、近年、中国やASEAN諸国向けの海外直接投資が拡大しており、国内の事業活動を生産活動から研究開発や販売戦略などの非生産活動にシフトさせていると言われている。

　学術的な観点からは、こうした傾向は垂直的直接投資によく見られる現象とされる。海外直接投資は、水平的直接投資と垂直的直接投資に分類されることが多いが、前者は二国間の貿易障壁を乗り越えるための海外直接投資で、主に先進国間の直接投資で見られる。後者は、比較優位に基づき生産工程の一部を移転させる直接投資で、例えば、先進国で資本、あるいは知識集約的な工程を、途上国で労働集約的な工程を担う直接投資を指す。企業が途上国

---

[1] 本章は、Hayakawa et al. (2013) を基礎に大幅に加筆・修正したものである。

向けの垂直的直接投資を実施すると、当該企業は国内では労働集約的な生産活動を縮小させる一方で知識集約的な活動を拡大させると考えられる。

こうした直接投資の拡大が国内経済に及ぼす影響を分析するため、近年企業レベルのデータを用いた研究が増加している。しかし、後述するように多くの既存研究では、冒頭で述べたように海外直接投資によって企業内の部門や労働者構成にどのような変化が見られるのかといった点については、これまで十分に研究されてこなかった。そこで本研究では、海外直接投資が国内の企業活動に及ぼす影響を次の2つの切り口から分析する。第1の切り口は、進出先の違いである。本研究では国内本社と海外子会社の情報を接続して分析を行う。先進国向けの直接投資を水平的直接投資、途上国向けの直接投資を垂直的直接投資とみなすことで直接投資のタイプの違いを識別している。第2の切り口は、企業内の生産活動と非生産活動の識別である。冒頭で述べたとおり、国際分業の進展は同一企業内の生産部門と非生産部門に異なる影響を及ぼすと考えられる。本研究では日本の製造業企業のデータを用いて、この影響を明らかにするものである。

次節以降の本章の構成は以下のとおり。第2節では、海外直接投資の投資先によるその性質の違いや国内事業への影響について検討したのち、主要な先行研究を紹介する。第3節では、本研究における分析の枠組みについて紹介し、第4節で分析に用いたデータを紹介する。第5節で分析結果を提示したのち、第6節で結論を述べる。

2 海外直接投資の影響の概念整理

2.1 海外直接投資のインパクトの概念整理

本節では、水平的、あるいは垂直的な海外直接投資が、どのようなメカニズムで企業の自国内の生産量や雇用、生産性に影響を及ぼすのかを考える。また、海外直接投資が、企業の生産部門と非生産部門のどちらに、どのような影響を及ぼすかも併せて考察する。なお、企業の非生産部門とは、マーケティングや研究開発、経営企画、情報処理、総務、会計、人事、国際事業などの活動を担う部門を指す。

図4-1 水平的直接投資企業の生産・販売パターン

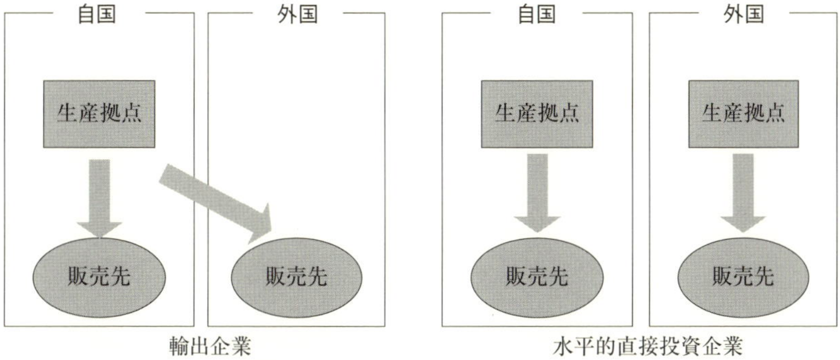

出所：松浦（2014）をもとに筆者作成。

　まず、企業が直接投資を行う動機について考えよう。水平的直接投資では、輸出か現地生産かの選択で海外直接投資の意思決定が行われる。図4-1は国内で輸出を行う企業と水平的直接投資企業の生産・販売パターンを図示したものである。四角は生産拠点、楕円は販売先である。輸出の場合、企業は貿易コストを支払う必要があるが、現地生産の場合、現地法人設立のための固定費がかかるものの輸出の際に必要となる貿易コストを節約することができる。よって、どちらがトータルの費用が安くなるかによって、企業は輸出か海外直接投資かを選択することになる。

　一方、垂直的直接投資は、生産工程の一部、あるいはすべてを海外に移転させる直接投資であり、比較優位に基づいて国境を越えて生産工程を配置する直接投資である。図4-2は、その生産・販売パターンを図示したものである。輸出企業のように国内にすべての生産工程をとどめた場合、生産工程の管理費用を節約することができる。一方で、垂直的直接投資の場合は、生産工程の一部を移転させることで、半製品を海外生産拠点に輸送する費用が発生するものの、労働集約的な生産工程を低賃金国に移すことでトータルの生産コストを下げることができるようになる。よって、投資先の国と自国の間での生産要素価格の差が大きいとき、また、現地法人を設立する固定費が小さいときに、企業は垂直的直接投資を行うと考えられる。わが国の海外直接投資に関しては、相対的に輸送費が高い欧米市場への直接投資は輸出を代

図4-2 垂直的直接投資企業の生産・販売パターン

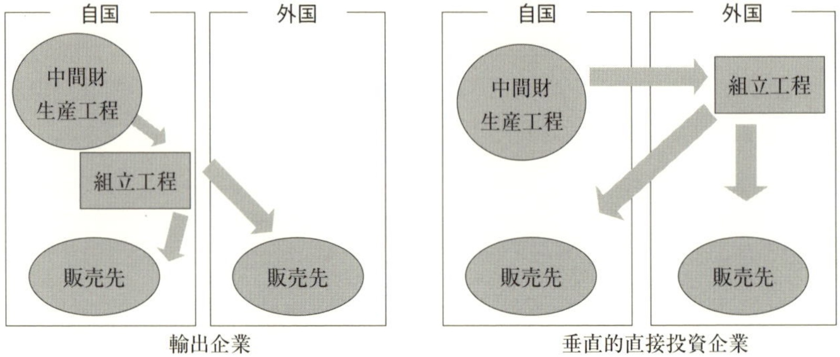

```
[自国]              [外国]          [自国]              [外国]
 中間財                              中間財  →→→→→   組立工程
 生産工程                             生産工程
   ↓                                  ↓  ↘↘↘
 組立工程                                     ↘↘
   ↓         ↘↘                               ↓
 販売先          販売先               販売先          販売先
      輸出企業                          垂直的直接投資企業
```

出所:松浦 (2014) をもとに筆者作成。

替するタイプの水平的直接投資が、賃金が安いアジア諸国などの途上国向けの直接投資では生産工程を伴う垂直的直接投資が多いことが知られている。よって、本研究の分析では投資先をもとに直接投資のタイプを分類する。

では、水平的直接投資、並びに垂直的直接投資は企業パフォーマンスにどのような影響を及ぼすのであろうか。その影響は表4-1に整理されている。まず、水平的直接投資の影響から考えていこう。水平的直接投資の場合、これまで輸出されていた分が海外に移転するのでその分、国内生産は減少することになる。しかし、先進国向けの海外直接投資によって海外の新しい技術や知識を国内にフィードバックすることができれば長期的には国内の生産性が改善し、国内生産も拡大する可能性がある[2]。あるいは、海外生産に伴って外国市場でのプレゼンスが高まり、新しい商品の輸出が開始される可能性があるとすれば、国内生産はさほど減少しないかもしれない。一方、垂直的直接投資では、一部の生産工程が海外に移転することになるので、その影響は即座に現れる。最終財工程が移転し中間財工程が国内に残る場合を考える

---

[2] 海外直接投資による技術知識のスピルオーバーについては、特許の引用件数に注目した Branstetter (2006) が実証研究を行っている。彼の研究では、米国に進出した日本企業のうち、米国の拠点が R&D 施設を持つとき、米国から日本への技術フローの増加が有意になることを示している。Branstetter (2006) の研究では、生産性への影響までは分析されていないが、直接投資の自国の経済に及ぼす影響を考える際には重要な視点を示しているものと言える。

表4-1 海外直接投資のインパクトの概念整理

		水平的直接投資		垂直的直接投資	
		短期的	長期的	短期的	長期的
生産量	生産部門	−		＋	＋
	企業全体	−			
雇用	生産部門	−	−	＋	＋
	非生産部門	＋	＋	＋	＋
賃金	生産部門			＋	＋
	非生産部門		＋	＋	＋
生産性	生産部門	−	＋？	＋	＋
	企業全体	−	＋？	＋	＋

と、最終財の生産は国内から失われるが、工程間分業により企業全体の生産量が増加すれば、国内で生産される中間財の生産量は増加することになる。

次に、ここまでの議論をもとに生産・非生産労働者数への影響を考えよう。まず水平的直接投資の場合、短期的には生産量の減少に伴って生産労働者数は減少する。しかし、もし海外生産による技術伝播や新たな製品の輸出拡大により生産量および生産性が下支え、あるいは改善されれば長期的には生産労働者の雇用が回復するかもしれない。一方、非生産労働者については、海外部門の管理・調整のための人員が必要となるため直接投資が開始されると非生産労働者数は増加する。垂直的直接投資の場合はどうであろうか。垂直的直接投資では、工程間分業により最終財部門が移転し中間財部門の生産が拡大するならば、当該部門の生産労働者が増加する。また、国内に残る中間財部門がより技能労働者集約的であるとすれば、技能労働者比率も上昇する。非生産労働者数への影響は、水平的直接投資と同様、海外部門の管理や調整のために人員増加の可能性がある。

では、海外直接投資は、平均賃金にはどのような影響があるのだろうか？なお、ここでの議論は、あくまで部分均衡の枠組みでのものであり、賃金変化は市場均衡の賃金の変化ではなく、従業員構成の変化によって企業レベルの平均賃金がどのように変化するかを検討する。よって、技能労働者は単純労働者に比べて賃金が高いと考えられるので技能労働者比率が変化すれば平均賃金も変化する。まず、生産部門の従業者構成への影響を考察しよう。水

平的直接投資の生産部門への影響では、従業員の構成、すなわち技能労働者比率には特に影響が見られないと推測される。なぜなら、水平的直接投資では単純に生産部門が縮小することになるので、従業員構成にも変化が見られないと考えられるからである。長期的に生産性向上が生じる場合、生産部門の従業者数が増加するかもしれないが、その場合、従業員構成がどのように変化するかどうかはよくわからない。そのため、平均賃金は変化しないと予想される。一方、垂直的直接投資では、労働集約的な部門を海外に移すことになるので、資本集約的な工程が国内に残り、国内の生産部門の従業員構成はより技能労働者集約的になる。そのため、平均賃金は上昇すると考えられる。非生産部門の従業者構成はどうであろうか？　垂直的直接投資も水平的直接投資も海外部門の管理のために国際部門や総務・管理、またR&Dなどの部門で人員が必要になる。こうした部門で英語能力のある、能力の高い従業員が必要とされるとすれば、技能労働者集約的になる。その結果として、平均賃金が上昇することが期待される。

　最後に、生産性の影響について考察しておこう。まず、水平的直接投資の場合、短期的には生産量が減少するので、規模の経済性が失われることで生産性が低下する可能性がある。ただし、長期的に技術伝播により生産量が回復するとすれば生産性は改善する可能性もある。垂直的直接投資の場合は、比較劣位の生産工程が海外に移転するため、企業全体の生産性も生産部門の生産性も改善することが期待される。

2.2　これまでの海外直接投資に関する実証研究

　こうした直接投資の拡大が国内経済に及ぼす影響については、かつては国レベル、産業レベルのデータを用いた研究がさかんに行われてきた。しかし、海外直接投資は同一産業内でも海外直接投資を実施する企業と実施しない企業が混在していることから、その影響を抽出するために企業レベルのデータを用いる研究が主流になってきている[3]。例えば、Kimura and Kiyota（2006）は日本の企業データを用いて、海外直接投資企業、輸出企業と国内企業のパフォーマンス指標、すなわち売上、付加価値、従業者数、生産性などを比較し、さまざまな要因をコントロールしても海外直接投資企業が最も優れたパ

フォーマンスを持っていることを示した。

さらに、海外直接投資を実施することにより雇用や生産性が変化するのかといった因果関係についての研究も進められている。ただし、こうした因果関係の特定にあたっては、単純に海外直接投資を行っている企業と、そうでない企業で生産性を比較するだけでは十分でないことが知られている。なぜなら、海外直接投資を行うためには、一定の固定費がかかるため、高い技術力を持ち成長力の高い企業は、海外で需要があると見れば積極的に海外直接投資を行い、海外生産を開始すると考えられるが、中小企業などはそこまでの余裕はない。このような状況では、国内企業と海外進出企業を比較すると、当然、海外進出企業の方が売上成長率や生産性成長率は高くなると考えられる。つまり、そもそも、属性の異なる企業を比較しているので、こうした単純な比較では、生産性が高いから輸出を行っているのか、海外生産を行っているから生産性が上昇しているのか識別できないことになる。こうした「比較的生産性が高い企業のみが海外直接投資を実施できる」という効果は「選別効果（Selection effect）」と呼ばれている。この「選別効果」については、近年、Melitz（2003）やHelpman et al.（2004）による企業の異質性を考慮した企業間生産性格差の理論の発展とともに注目されるようになっている。一方、我々の関心がある海外直接投資による企業のパフォーマンスへの影響は、「学習効果（Learning effect）」と呼ばれるが、これを特定するためには前述の「選別効果」による逆の因果関係を考慮した推計方法を用いる必要がある。

次の図4-3は、「選別効果」と「学習効果」の関係を図示したものである。今、0時点で既存の海外進出企業、0時点から1時点の間に海外直接投資を実施する海外直接投資企業、国内にとどまっている国内企業の3つのタイプの企業があるとする。縦軸は生産性、横軸は時間を示す。0時点の生産性の差を見ると、既存海外進出企業が最も生産性が高く、海外直接投資企業、国内企業がそれに続く。つまり、この差が「選別効果」である。一方、「学習効果」は、海外直接投資を実施したことによって、どの程度生産性が伸びた

---

(3) 最近の海外直接投資の実証研究については、木村・椋編（2016）の第3章、第7章、第8章を参照されたい。

図4-3 海外直接投資における「選別効果」と「学習効果」

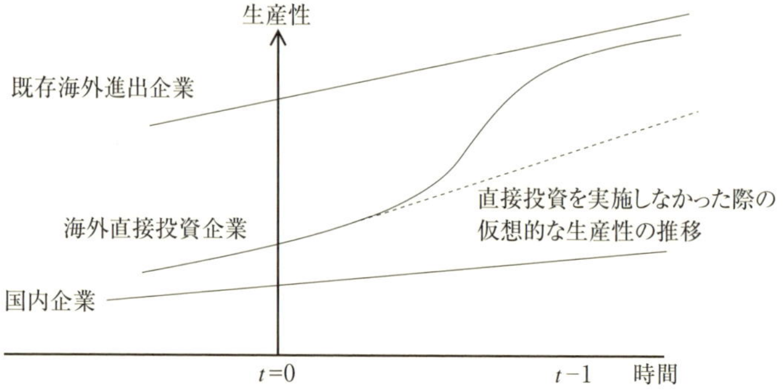

出所：Navaretti and Venables（2004）をもとに筆者作成。

かを調べることになるが、海外直接投資企業と国内企業では、0時点の生産性水準も異なるうえに、0時点前後の生産性の推移、すなわち成長率についても異なっており、成長トレンドの高い企業ほど海外直接投資を行っている可能性がある。「学習効果」を計測するためには、海外進出企業と国内企業を単純に比較するのではなく、海外直接投資企業が、もし海外に進出しなかったらどうなるかという仮想現実（図中の点線）を考えて、これと海外直接投資企業の生産性推移を比較する必要がある。近年の研究では一般化モーメント法（Generalized Method of Moment: GMM）を応用したSystem GMMや、本研究で利用する傾向スコア法（Propensity Score Matching 法）を用いて、海外直接投資が企業の雇用や生産性に及ぼす影響についての分析が行われている。

具体的な研究例としては、例えば、雇用についてはYamashita and Fukao（2010）は、system GMMを用いて海外直接投資と国内雇用の関係を分析しているが、海外における生産規模の拡大は、必ずしも国内の雇用の減少をもたらすものではないことを示している。生産性についても、イタリアを対象としたNavaretti and Castellani（2004）が傾向スコア法を用いて分析を行っており、海外直接投資を行った企業が国内の生産性を改善させていることを報告している。最近の研究では、先進国向けの直接投資を水平的直接投資、途上国向け直接投資を垂直的直接投資と定義して、その影響を比較する分析が行われている。具体的には、イタリア企業とフランス企業を比較した

Navaretti et al.（2010）、フランス企業のデータを用いた Hijzen et al.（2011）では、先進国向けの直接投資は企業の生産性を改善させると報告している。

　これらの諸研究から得られた知見はどれも興味深いものであるが、既存研究では、海外に進出した企業と国内企業の素朴な比較であったり、海外の進出先を区別しないもの、あるいは国内の生産部門と非生産部門を区別しないものが多い。本研究では、日本の製造業企業を対象として、企業レベルのデータと企業の生産部門のデータ、そして海外進出先の3つのデータを統合し、企業全体を把握できるデータセットを構築して分析を行う。これにより海外進出先を分離できるほか、海外直接投資が企業全体に及ぼす影響と生産部門に及ぼす影響を対比する形で、生産部門と非生産部門を比較しながら分析することが可能となる。

3　分析の枠組み

3.1　因果関係の特定について

　本研究では、「生産性の高い企業のみが直接投資を実施できる」という「選別効果」と「海外直接投資により生産性が変化する」という「学習効果」を識別するために傾向スコア法を用いる。傾向スコア法とは、Rosembaum and Rubin（1983）が提案した手法で、もともと生物学や疫学などの分野での利用を想定して開発された手法である。例えば、喫煙が健康状態に及ぼす影響など人体実験がきわめて困難な状況で因果関係を測定する手法として応用されている。この手法の理論的な背景は専門書に譲り、ここでは傾向スコア法の概要を簡単に紹介する[4]。

　具体的な推計手順について見ていこう。傾向スコア法は、以下のような2つのステップを踏んで分析を行う。第1段階として、海外生産を行うか否かの意思決定について、さまざまな企業属性変数を説明変数とするロジット、あるいはプロビット・モデルを推計する。そして、第2段階では、この予測値（理論確率、これを傾向スコアと呼び、以下 P と表記する）がおおよそ等し

---

[4]　より詳しくは黒澤（2005）などを参照されたい。

図4-4 傾向スコア法によるマッチングの例

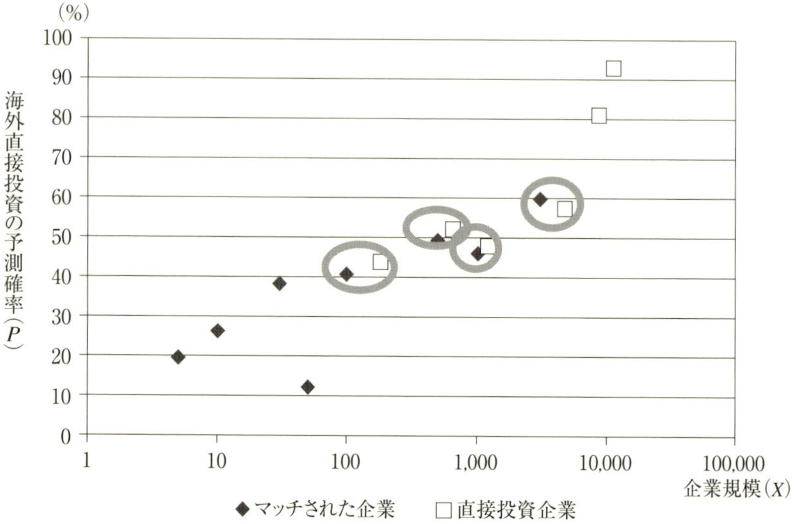

(縦軸：海外直接投資の予測確率(P)、横軸：企業規模(X)、◆マッチされた企業、□直接投資企業)

出所：筆者作成。

くなるような海外進出企業と国内企業のペアを探す。このようにして抽出したペアの間で売上成長率や生産性成長率の差を計測することで、海外進出企業・国内企業の間の属性の違いで生じるバイアスを調整することができることになる。

この一連の作業を図示したのが図4-4である。縦軸は海外直接投資の予測確率（P）、横軸は企業規模（X）だとする。図から明らかなように、企業規模が大きくなると海外進出確率は上がっていく。今、□は直接投資企業、◆はマッチされた企業とすると、海外進出企業は規模の大きい企業が多く、国内企業には規模の小さい企業が多いことがわかる。もし、単純に直接投資企業と国内企業のパフォーマンス指標y（例えば、生産性成長率）を比較すると、海外進出企業・国内企業間の企業規模Xの違いもyの違いに含まれてしまう。そこで、○で囲った、海外進出確率が似通ったペアをピックアップし、このペアの間で成果指標Yに違いがあるかどうかを調べることでバイアスを調整しようというものである。

3.2 分析の手順

まず、海外直接投資を実施する確率、すなわち傾向スコアを推計する。ここでは、先進国に進出する企業を水平的直接投資企業、途上国に進出する企業を垂直的直接投資企業とした。これらを区別して分析するために、第1段階では、多項ロジット(Multinomial Logit)・モデルを推計した。推計にあたっては、$t-1$ 時点において海外に進出していない企業のうち t 期において、海外に進出していないとき 0、先進国に進出した場合 1、途上国に進出した場合 2 をとる変数 $FDI_{it} \in \{0,1,2\}$ を従属変数として多項ロジット・モデルを推計した。独立変数には、海外直接投資の意思決定に影響を及ぼしうるさまざまな企業属性変数を用いている。

次に、多項ロジット・モデルから予測される確率を用いて、国内企業の中から、海外進出企業に近い予測確率を持つ国内企業を選び出し、マッチング・ペアを探し出す。それにはさまざまな方法が提案されているが、本研究では1対1最近傍マッチング(One-to-One Nearest Matching)法を用いた[5]。

マッチング・ペアが得られたら、海外直接投資実施の効果(平均処置効果, Average Treatment Effect on Treated: ATT)を次の式で計測する。

$$\alpha_{ATT} = \frac{1}{n} \sum_{i \in I} [y_{it}^1 - y_{it}^0]$$

ここで y_{it}^1 は海外直接投資企業のパフォーマンス指標、y_{it}^0 はマッチされた国内企業のパフォーマンス指標である。また、I は海外直接投資企業の集合を表し、n はその企業数である。この α_{ATT} は、海外直接投資の意思決定が傾向スコア推計で利用した変数で十分にコントロールされている限り望ましい推計量となるが、第1段階の推計式で考慮していない(あるいは観察不可能な)要因が海外直接投資の意思決定に影響しているとすれば、必ずしも望ましい推計量とは言えない。そこで、本研究では Heckman et al. (1997) が提案した Difference in Difference (DID) matching 推定量を用いる。DID マッチン

---

[5] マッチングに際してはコモン・サポートの条件を課して海外進出企業の予測確率の最大値と最小値のレンジからマッチさせる国内企業を選定した。

グ推定量は、観察不可能な、あるいはコントロールされていない要因が時間を通じて一定であると仮定し、以下のように DID 推計量を計算する。

$$a_{DID} = \frac{1}{n}\sum_{i \in I}[(y_{i,j+s}^1 - y_{i,t-1}^1) - (y_{j,t+s}^0 - y_{j,t-1}^0)]$$

この DID 推定量は、海外進出前後（$t-1$ 期から $t+s$ 期まで）の企業パフォーマンスを海外進出企業とマッチさせた国内企業について比較するものである。本研究では海外進出時点から3期までの企業パフォーマンスの変化を分析した。

なお、マッチングに際しては、その妥当性を確認するためのバランス検定（Balanced Test）も必要となる。例えば、海外直接投資企業とマッチさせた国内企業が、海外直接投資が実施される前の段階で類似した属性を持っているとすれば、両者の間で、海外直接投資実施前の企業属性変数の平均値に統計的に有意な差は生じないと考えられる。本研究ではこれを t 検定によって検証している。

4 データ

本研究では、1995年から2005年までの「企業活動基本調査」、「工業統計調査」と「海外事業活動基本調査」の調査票情報を再編加工してデータベースを作成した。まず、「企業活動基本調査」は、経済産業省が実施している包括的な企業レベルの統計データである。この調査は、日本企業の国内事業活動および海外事業活動の展開、研究開発、開発、情報技術などにおける戦略について統計的に把握する目的で、1991年に始まり、1994年以降毎年実施されている。調査対象は、鉱工業、製造業、卸小売業、ならびに一部のサービス業に格付けされる事業所を有する企業であり、従業員数が50人以上、あるいは資本金が3,000万円以上のすべての企業である。また、この調査では、個々の企業は固有の企業 ID で管理されており、容易にパネル化が可能となっている。

一方、「工業統計調査」は国内の製造事業所（工場）を対象とした調査で

あり、その起源は明治時代にまでさかのぼることができる。この調査では、各事業所の品目別の出荷額や原材料費、労務費、委託生産費などの費用に関する情報、従業者数、有形固定資産など要素投入に関する情報が得られる。調査対象は、西暦の末尾が0、3、5、7の各年は全数調査、それ以外の年は従業者数4人以上の事業所を対象とした調査が行われる。本調査における事業所番号は5年おきに見直しになるため、新旧の事業所番号対応表を利用することでパネル化が可能となっている。企業に関する情報については、「工業統計調査・企業編」を作成するために企業名寄せ名簿が用意されているので、複数事業所企業については、これを用いて名寄せすることで企業全体の出荷額や従業者数、有形固定資産残高を計算することができる。ただし、「工業統計調査」では生産設備を持たない本社事業所や配送や販売を目的とした事業所は調査対象としないため、把握できるのは、あくまで企業の生産部門のみである。

「海外事業活動基本調査」は、日本企業の海外における事業活動を把握することを目的とした調査であり、調査対象は、海外に子会社を持つすべての日本企業が調査の対象になっている。「海外事業活動基本調査」から入手できる主な指標は、設立年、販売と購入の内訳、雇用、費用、研究・開発費などである。本研究では、1995年から2005年までの調査票情報を利用した。なお、「海外事業活動基本調査」には現地法人固有の企業IDコードが存在しない。したがって、パネルデータ作成のためには、現地法人の所在地、会社名称、設立年などの情報を手がかりに毎年の現地法人データをリンクさせる必要がある[6]。

次に、これら3つのデータをどのようにリンクさせたのかを述べる。はじめに、「工業統計調査」の事業所データと「企業活動基本調査」の企業データをリンクさせた。これらはともに経済産業省で調査されたものであるが、それぞれの調査で別々の企業IDコードが使用されており、さらに両者の企業コードの対応表も作成されていないので、分析者がリンク作業を行う必要

---

[6] 「海外事業活動基本調査」のパネル・データ・セットについての詳細な説明は、例えばKiyota et al. (2008) 等を参照されたい。

がある。そこで、我々は、会社名称、電話番号、所在地などのデータをもとに「工業統計調査」のデータと「企業活動基本調査」のデータのマッチングを行った。結果的には、「企業活動基本調査」に回答している企業で工場を所有する企業のうち、「工業統計調査」の事業所データをマッチングさせることができた企業の割合は95％にのぼっており[7]、「工業統計調査」と「企業活動基本調査」のリンクの精度は十分に高いと考えられる。次に、「海外事業活動基本調査」と「企業活動基本調査」のマッチングを行う。マッチングは、法人名、所在地や従業者数、業種などの企業情報に基づいて行っている。「海外事業活動基本調査」は金融、保険以外のすべての産業をカバーしているが、「企業活動基本調査」は鉱工業、製造業に加えて、卸小売業などのいくつかのサービス業に限定されている。それゆえ、「海外事業活動基本調査」のすべての企業が「企業活動基本調査」とマッチングできるわけではない。

　こうして作成したデータセットから、企業パフォーマンス指標、および傾向スコア推計のための企業属性変数を作成した。まず、企業パフォーマンス指標については、従業者数、平均賃金、全要素生産性（Total Factor Productivity: TFP）を用いた。これらの指標は、「企業活動基本調査」から企業全体の指標を、「工業統計調査」からは生産部門全体の指標を作成し、海外直接投資が企業全体に及ぼす影響と生産部門に及ぼす影響に分けて分析を行った。

　TFPはCaves et al.（1982）とGood et al.（1983）の手法にならって、以下の式を用いて推計した。

$$TFP_{it} = (\ln Q_{it} - \overline{\ln Q_t}) - \sum_{f=1}^{F} \frac{1}{2}(s_{ift} + \overline{s_{ft}})(\ln X_{ift} - \overline{\ln X_{ft}}) \\ + \sum_{s=1}^{t}(\overline{\ln Q_s} - \overline{\ln Q_{s-t}}) - \sum_{s=1}^{t}\sum_{f=1}^{F}\frac{1}{2}(\overline{s_{fs}} + \overline{s_{fs-1}})(\overline{\ln X_{fs}} - \overline{\ln X_{fs-1}}) \tag{3}$$

---

[7] 「企業活動基本調査」では、従業者数が50人以上、あるいは資本金が3,000万円以上の企業が調査の対象となっているため、小規模な事業所は企業レベルのデータにマッチングされない。「工業統計」で得られるすべての事業所データに対して、「企業活動基本調査」のデータをマッチングさせることができた事業所データの割合は10％程度である。詳細は、松浦ほか（2007）を参照のこと。

ここで Q_{it}、s_{ift} はそれぞれ企業 i の時点 t における総生産量、企業 i の t 期における投入要素 f のコストシェアを表す。X_{ift} は企業 i の t 期における投入要素 f の投入量を表す。投入要素としては、従業者数、資本ストック、原材料投入を用いた。バーがついたものは各変数の、当該産業、当該年における平均値である。個々の企業の生産性指標は、仮想的な平均的（代表的）企業との差分として定義される。仮想的平均的企業の要素投入量と生産量は、その産業のすべての企業・事業部門の幾何平均をとったものとする。(3)式の右辺の第1項、および第2項は、Thiel = Tornqvist 指数によって定義された横断面の TFP 指数である。この横断面の TFP 指数は異時点間では比較できないので、横断面の TFP 指数を、第3項、第4項の平均的企業の TFP 成長率を用いて調整する[8]。

5 推計結果

本節では、実証分析の結果を紹介する。まず、海外直接投資企業と国内企業の企業パフォーマンス指標の水準、および成長率の単純な比較から確認したのち、傾向スコア法による海外直接投資の影響に関する分析結果を紹介する。

5.1 単純比較

表4-2は、今回の分析で用いたサンプル企業における海外直接投資企業の推移を示している。水平的・垂直的直接投資企業は t 時点で初めて海外直接投資を行った企業で、前者は先進国に、後者は途上国に進出した企業である。既存の海外進出企業は、$t-1$ 時点で海外進出している企業である。表4-2からは、1990年代後半以降に海外進出した企業の多くは途上国に進出していることがわかる。先進国向けの直接投資は主にプラザ合意後、1980年代の後半に増加したと言われているので、本研究が対象とする期間では先進

---

[8] なお、TFP 指標については、頑健性のチェックとして Levinsohn and Petrin (2003) による TFP の推計値による分析も行った。主要な結果については変わらないことを付記しておく。

表4-2 海外進出企業数の推移

年次	国内企業	水平的直接投資企業	垂直的直接投資企業	既存の海外進出企業	合計
1992	6,634	9	16	856	7,515
1993	7,652	6	31	936	8,625
1994	7,653	13	63	974	8,703
1995	7,112	11	63	1,021	8,207
1996	7,652	9	49	1,122	8,832
1997	7,352	7	20	1,146	8,525
1998	7,168	4	5	1,125	8,302
1999	7,305	2	7	1,144	8,458
2000	7,116	3	7	1,133	8,259
2001	6,720	3	22	1,136	7,881
2002	6,444	1	18	1,117	7,580
2003	6,381	0	12	1,117	7,510
2004	5,949	2	10	1,093	7,054
合計	91,138	70	323	13,920	105,451

注：水平的・垂直的直接投資企業は $t-1$ 期から t 期にかけて新たに先進国、あるいは途上国に海外直接投資を行った企業である。既存の海外進出企業とは、$t-1$ 時点ですでに海外に生産拠点を持っている企業を指す。

国向けの海外直接投資は一段落したものと思われる。

　表4-3は企業のパフォーマンス指標、従業者数、賃金、全要素生産性の水準および平均値を海外進出の状況別（国内企業、水平的・垂直的直接投資企業、既存の海外進出企業）に比較したものである。この表では、水平的・垂直的直接投資企業のパフォーマンス指標は、水準については海外直接投資実施時点、成長率については海外直接投資実施の前後のサンプルを対象としている。また、前述のとおり、ここでの比較は単純平均によるものなので前述の選別効果と学習効果の双方を含むものとなっていることにも注意が必要である。

　まず、表4-3の上部、水準についての比較について見ていこう。海外直接投資企業と国内企業を比較すると、企業全体においても製造部門全体においても、海外直接投資企業のパフォーマンス指標が優れていることがわかる。その傾向は、とりわけ既存の海外進出企業で顕著であり、水平的・垂直的直接投資企業がそれに続いている。例外は、生産部門における全要素生産性（TFP）で、水平的直接投資企業が最も高い値を示している。一方、表4-3

表4-3 海外進出パターンと企業のパフォーマンス指標の平均値

	TFP		従業者数		平均賃金	
	企業全体	生産部門	企業全体	生産部門	企業全体	生産部門
水準						
国内企業	0.928	0.933	163.1	118.8	4.26	4.20
水平的直接投資企業	0.962	1.067	514.7	335.1	4.96	4.99
垂直的直接投資企業	0.964	0.973	373.9	226.1	4.62	4.50
既存の海外進出企業	1.007	1.044	933.2	559.4	5.44	5.03
全企業	0.939	0.948	206.0	146.1	4.40	4.30
成長率						
国内企業	−0.056	0.002	−0.005	−0.142	0.016	0.001
水平的直接投資企業	−0.006	−0.008	0.002	−0.075	0.072	0.014
垂直的直接投資企業	−0.002	0.017	0.000	−0.047	0.051	0.007
既存の海外進出企業	−0.025	0.007	−0.015	−0.103	0.018	0.001
全企業	−0.051	0.003	−0.006	−0.136	0.017	0.001

注：従業者数の単位は人、平均賃金の単位は100万円である。水平的・垂直的直接投資企業のパフォーマンス指標の水準については海外直接投資を実施した年の指標が用いられている一方、成長率は直接投資実施の前年と実施年の変化率である。

の下部に成長率の平均値が示されているが、その順序は水準の比較のときと少し異なる。全要素生産性（TFP）については、垂直的直接投資企業が最も成長率が高く、水平的直接投資企業、国内企業がそれに続く。企業全体の従業員数については、水平的直接投資企業の方が垂直的直接投資企業よりも成長率が高い。製造部門の従業者数伸び率では水平的直接投資企業の方が垂直的直接投資企業よりも減少率が大きいので、水平的直接投資企業は海外直接投資とともに非生産部門の従業者を増加させているものと推測できる。水平的直接投資企業は賃金の成長率についても、企業全体、製造部門のいずれにおいても他の企業グループよりも高くなっている。

5.2　マッチングによる分析

前項で紹介した表4-3で示される結果は、前述のとおり、選別効果と学習効果の両方を含んでいるため、これを識別する必要がある。例えば、表4-3では海外直接投資企業の方が比較的生産性が高いことが示されているが、これはもともと生産性の高い企業が海外に進出したのか、それとも海外に進出したことにより生産性が向上したのか明らかではない。そこで、マッチン

グ法を用いて学習効果の識別を行う。

5.2.1 傾向スコアの推計

第1段階では、海外直接投資の実施確率を推計する。表4-4には、水平的・垂直的直接投資の実施に関する多項ロジット・モデルの推計結果が示されている。推計された係数の符号は期待どおりであり、おおむね統計的に有意である。また、疑似決定係数も先行研究と比べても遜色のないレベルと言える。ここでは、この多項ロジット・モデルの推計結果を用いて、企業ごとに水平的・垂直的直接投資を実施する理論確率を求めた。

この推計結果は、選別効果の存在を確認するうえでも重要な示唆を与えるものである。水平的直接投資についてはTFPの係数が正で有意であるが、この結果はHelpman et al.（2004）が示唆する仮説と整合的である。すなわち、海外進出に伴う固定費を支払ってもなお利潤を得ることができる生産性の高い企業のみが水平的海外直接投資を実施する傾向にあることがわかる。一方、垂直的直接投資についてはTFPの係数は正であるものの統計的には有意ではない。言い換えると、生産性に関する選別効果は水平的直接投資にのみ観察されると言える。なお、同様の傾向は他の変数についても観察できる。例えば、従業者数、資本労働比率についても正で有意な係数が得られている。しかし、研究開発集約度や広告宣伝費／売上高比率の係数については有意な係数が得られなかった[9]。

マッチングは、Navaretti et al.（2010）と同様に同一時点、同一産業内で、投資企業と非投資企業の近い企業をマッチさせた[10]。このマッチング方法が適切であるかを確認するために、バランス検定を実施した。具体的には、投資企業とマッチさせた非投資企業の属性、すなわち多項ロジット・モデルで用いた変数の平均値が等しいかどうか検定を行った。検定の結果は表4-5

---

[9] 多項ロジット・モデルの推計においては、本研究では無関係な選択肢からの独立性（Independence from Irrelevant Alternatives）が仮定されている。この仮定の妥当性を確認するため、Hausmanの特定化検定を行った。具体的には、水平的・垂直的直接投資のいずれかを除いて推計し、係数に大きな変化が見られないことを確認している。

[10] 一連の作業は、Stataのpsmatch2コマンドを用いて実施した。

表4-4 傾向スコアの推計：多項ロジット・モデルの推計結果

	係数	標準誤差	z	P>|z|
水平的直接投資				
TFP	0.891	0.294	3.03	0.002
ln（従業者数）	0.809	0.103	7.87	0.000
ln（資本労働比率）	0.553	0.145	3.82	0.000
ln（広告宣伝費）	−1.375	7.202	−0.19	0.849
ln（R&D売上比率）	0.727	0.481	1.51	0.131
ln（企業年齢）	−0.107	0.302	−0.35	0.723
垂直的直接投資				
TFP	0.222	0.182	1.22	0.223
ln（従業者数）	0.647	0.049	13.08	0.000
ln（資本労働比率）	0.268	0.068	3.97	0.000
ln（広告宣伝費）	1.251	2.918	0.43	0.668
ln（R&D売上比率）	0.052	1.197	0.04	0.966
ln（企業年齢）	0.276	0.154	1.79	0.074
年次ダミー	Yes			
産業ダミー	Yes			
標本数	91,531			
カイ二乗値	647.48			
疑似決定係数	0.119			

表4-5 バランス検定：平均値の差の検定

	平均値		t-value	P-value
	海外直接投資企業	マッチされた企業		
水平的直接投資				
TFP	1.071	1.044	0.39	0.697
ln（従業者数）	6.187	6.213	−0.16	0.873
ln（資本労働比率）	2.718	2.623	0.88	0.380
ln（広告宣伝費）	0.007	0.006	0.52	0.602
ln（R&D売上比率）	0.029	0.089	−0.9	0.370
ln（企業年齢）	3.764	3.739	0.39	0.695
垂直的直接投資				
TFP	0.973	0.989	−0.64	0.524
ln（従業者数）	5.916	5.867	0.65	0.513
ln（資本労働比率）	2.448	2.534	−1.31	0.192
ln（広告宣伝費）	0.006	0.006	0.17	0.862
ln（R&D売上比率）	0.013	0.015	−1.19	0.235
ln（企業年齢）	3.753	3.769	−0.54	0.586

に示されている。いずれの企業属性変数についても統計的に有意な差はないことが確認されていることから、表4-4の多項ロジット・モデルによる傾向スコアの推計、およびマッチングも適切に行われていると結論づけることができる。

5.2.2 DID 推計量

まず、海外直接投資の影響を評価するため、投資企業とマッチさせた非投資企業のパフォーマンス指標についてDID推計量を求めた。具体的には、投資企業とマッチさせた非投資企業のパフォーマンス指標の変化率を、海外直接投資前から海外直接投資の3年後までの変化率について比較した。なお、投資の1年前から1年後の変化を短期の変化、3年後までの変化を長期の変化と考える。

水平的直接投資、すなわち先進国向けの直接投資の影響について検討したのが表4-6である。まず、生産部門のTFPと従業者数に注目すると、水平的直接投資では有意な影響が見られない。言い換えると、水平的直接投資は生産部門には、ほとんど影響を及ぼしていないと言える。水平的直接投資では、国内生産の減少による規模の経済の喪失による生産効率への負の効果と、海外市場進出による知識伝播の正の効果が考えられるが、今回の推計結果は両者が打ち消しあっていることを示唆しているのかもしれない。

次に、企業全体の影響を考察しよう。企業全体の従業者数は長期的には増加する傾向にあることがわかる。生産部門の従業者数に変化がないことから、非生産部門の従業者数が増加しているものと考えられる。企業は海外に進出することで、海外拠点との調整などを担う国際部門など本社内で非生産労働者が増加すると考えられるが、この影響が出てくるには多少時間がかかるものと思われる。また、企業全体の生産性については、生産部門の生産性への影響と同様に、特に有意な影響は見られなかった。

第3に、平均賃金について、水平的直接投資は企業全体で見ても生産部門で見ても、いずれも統計的に有意な影響をもたらしていない。この点については、第2節で議論したとおり、水平的直接投資の場合、海外でも国内と同じ品目を生産する傾向にあるため、生産部門においても非生産部門において

表4-6 水平的直接投資のインパクト

	企業全体		生産部門	
	$t+1$	$t+3$	$t+1$	$t+3$
TFP				
係数	−0.012	0.015	−0.013	0.008
	[0.022]	[0.026]	[0.042]	[0.062]
標本数	118	104	132	120
決定係数	0.120	0.117	0.027	0.108
従業者数				
係数	0.018	0.302***	−0.133	−0.058
	[0.027]	[0.108]	[0.110]	[0.108]
標本数	118	104	120	112
決定係数	0.079	0.202	0.137	0.045
平均賃金				
係数	0.021	−0.025	−0.001	−0.045
	[0.035]	[0.050]	[0.029]	[0.036]
標本数	118	104	132	120
決定係数	0.077	0.200	0.150	0.223

注：係数は、マッチされた企業と海外直接投資のパフォーマンス指標に関する DID 推計値である。係数の右上の***、**、*は、それぞれ1％、5％、10％で統計的に有意であることを示す。[ ] 内の数値は標準誤差。

も、労働者に必要とされる技能に変化はなく、そのため賃金には変化が見られないものと思われる。

続いて、垂直的直接投資の影響について検討しよう。推計結果は表4-7に示されている。ここでは3つの点を指摘したい。第1に、生産労働者は短期的には増加するが長期的には変化が見られない。これは一見、奇妙な結果のように見えるが、例えば、企業は垂直的直接投資とともに技能労働者を増加させ非技能労働者を減少させるが、短期的には生産工程の高度化に伴って技能労働者を増加させ、非技能労働者は徐々に減少させているものと解釈できる。わが国では企業の雇用調整は、まず労働時間の短縮や新卒採用の抑制で行い、解雇を極力避ける傾向にあることが知られているが、この結果は日本的雇用慣行と整合的である。一方、企業全体の雇用者数に注目すると、短期的にも長期的にもあまり変化はない。これは非生産労働者に変化が見られなかったためだと思われる。この結果から垂直的直接投資の場合は、海外生産の開始に伴ってR&Dなどの非生産部門の雇用を変化させることは少ない

表4-7 垂直的直接投資のインパクト

		企業全体		生産部門	
		$t+1$	$t+3$	$t+1$	$t+3$
TFP					
	係数	0.008	0.009	0.044**	0.031
		[0.011]	[0.018]	[0.018]	[0.021]
	標本数	532	428	608	514
	決定係数	0.089	0.031	0.024	0.019
従業者数					
	係数	0.061***	0.029	0.147**	0.090
		[0.020]	[0.029]	[0.057]	[0.067]
	標本数	532	428	542	452
	決定係数	0.049	0.041	0.033	0.021
平均賃金					
	係数	0.007	0.069**	0.029**	0.031*
		[0.024]	[0.030]	[0.015]	[0.018]
	標本数	532	428	608	514
	決定係数	0.092	0.089	0.043	0.085

注：表4-6の注参照。

ことを示唆しているのかもしれない。

次に、平均賃金について見てみよう。生産労働者の平均賃金については、短期的にも長期的にも統計的に有意な上昇傾向が観察される。ただし、企業全体で、短期的には賃金への影響は見られない。前者の生産労働者の賃金に関しては、第2節で指摘したように、労働集約的な生産工程の移転により熟練労働者比率が上昇したものと考えられる。企業全体の平均賃金が短期的に有意にならない点は、海外生産の直後にR&Dなどの非生産部門で高学歴従業者の雇い入れが行われることはないということを示唆していると思われる。

最後に、全要素生産性（TFP）への影響は、短期的には生産部門において向上する傾向がある。一方、企業全体への影響では統計的な有意な傾向は見られなかった。後者の影響は生産部門のTFPが上昇している一方で非生産部門の労働コストが上昇していないことを考えると、やや不可解な結果であるが、生産部門のTFPの改善が企業全体の生産性改善に影響するまでには及ばないのかもしれない[11]。

以上の結果をまとめると、水平的直接投資企業は従来輸出していたものを

海外に移転させるため、国内の企業パフォーマンスには負の影響があると考えられるが、全体的には、あまり明確な影響は見られなかった。例外は、非生産労働者に対して長期的にプラスのインパクトがあるという点のみであった。この点は、海外生産によって輸出が促進されたり、海外市場で得られた新しいノウハウが国内に流入し、国内生産が下支えされているのかもしれない。また、垂直的直接投資についても、長期的には自国の生産量は急激に変化することはないが、生産部門において技能労働者比率が上昇し、平均賃金が上昇する傾向にあることがわかった。言い換えると、垂直的直接投資が企業の高付加価値部門へのシフトを促していると言える。

6　おわりに

本章は、企業の海外直接投資実施の前後に注目して、その企業パフォーマンスへの影響を多面的に分析した。1つ目の切り口は、直接投資のタイプの違いであり、先進国向けの水平的直接投資と途上国向けの垂直的直接投資に注目し、その影響を比較した。もう1つの切り口は、企業全体への影響と生産部門への影響の比較である。さらに、直接投資実施から1年後までの影響を短期の影響、3年後までの影響を長期の影響として分析している。

分析の結果、海外直接投資の企業パフォーマンスに及ぼす影響は、直接投資のタイプによっても異なるほか、生産部門と非生産部門でもその影響に違いが見られることがわかった。

本研究で得られた結果は、以下のように要約することができる。まず、水平的直接投資の場合、長期でも短期でも、生産部門従業者や生産性にはあまり影響が見られないことがわかった。水平的直接投資の場合、輸出が海外生産に代替してしまうため、国内生産が減少する可能性があるが、海外生産開

---

(11)　その他の考えられる理由としては、我々のTFP指標が企業内の資源配分変更をうまく捉えられていないことに起因する可能性もある。垂直的直接投資では、単純労働集約的な生産部門が海外に移転し、国内には技能労働集約的、あるいは資本集約的な部門が残ると考えられるが、ここで用いているTFP指標は、あくまで金額ベースの産出指標と投入指標を産業別のデフレーターで実質化したものの差であるが、企業がどのような活動に特化したかといった情報までは考慮していない。

始により、別の製品の輸出が進んだり、海外市場からのノウハウの流入により生産や効率性が下支えされるのかもしれない。水平的直接投資の影響が顕著に見られるものとしては、非生産労働者数が挙げられる。ただし、平均賃金の変化は観察されないので、技能労働者比率には変化がないと考えられる。

また、垂直的直接投資の場合も、量的な側面では企業パフォーマンスに大きな変化が見られるとは言えない。例えば、従業者数については生産部門、非生産部門のいずれにおいても変化は見られない。しかし、質的な側面、例えば賃金変化については、垂直的直接投資実施後、生産部門で平均賃金の上昇が観察された。これは直接投資に伴って労働集約的な部門が海外に移転し、生産部門において技能労働者比率が上昇したものと解釈できる。まとめると、水平的直接投資であれ、垂直的直接投資であれ、直接投資の影響としては、労働者の構成、非生産部門の従業者数、あるいは技能労働者比率に顕著な影響があることがわかった。

本研究では、海外直接投資の影響についてさまざまな角度から分析を行った。その一方で、いくつかの残された課題も明らかとなった。第1の課題は、垂直的直接投資に関する、より詳細な企業の生産活動に注目した分析が必要だということである。垂直的直接投資の場合、理論的には、生産工程の一部が海外に移転することが考えられるので、どのように国内の生産工程が変化したかを分析する必要がある。そのためには、企業レベルのデータではなく、工場レベル、あるいは生産品目レベルの、より詳細なデータで生産工程がどのように変化したかを分析する必要がある。また、本研究では直接投資に伴う生産性向上を学習効果と呼んでいるが、垂直的直接投資の場合、国内の生産活動がより資本集約的、あるいは技能労働者集約的な活動にシフトすることにより生産性が上昇することも考えられる。こうした点を分析する意味でも、より詳細なデータによる検証は重要である。

第2の課題は、海外アウトソーシングとの比較である。本研究では、海外直接投資による企業活動のグローバル化のインパクトを分析したが、これは企業内の分業であり、インソーシング（in-sourcing）と呼ばれるものである。一方で、資本関係にない企業に生産委託することで国際分業するパターンを海外アウトソーシングと呼ぶが、海外直接投資と並んで近年急速に拡大する

傾向にあることが指摘されている。現状では、データが不足していることもあり、海外アウトソーシングと海外直接投資のインパクトを比較することは困難であるが、重要なトピックであるだけに、データの開発も含め検討していく必要がる。

第3の課題は、さまざまな海外直接投資のパターンを考慮することである。本研究では自国と外国の二国間における生産・販売に注目した水平的直接投資と垂直的直接投資のみに限定して分析しているが、近年の理論・実証研究では、3カ国以上にまたがって生産・販売を行う、より複雑な生産パターンを考慮した海外直接投資の研究が進められている。例えば、Ekholm et al. (2007) が提案する輸出基地型の海外直接投資や Grossman et al. (2006) や Yeaple (2003) が提案する複合的海外直接投資などがそれにあたる。包括的に海外直接投資の国内へのインパクトを計測するためには、こうした新しいタイプの海外直接投資を考慮していく必要がある。

参考文献

Branstetter, Lee (2006) "Is Foreign Direct Investment a Channel of Knowledge Spillover? Evidence from Japan's FDI in the United States," *Journal of International Economics*, 68(2): 325-344.

Caves, D., L. Christensen and W. Diewert (1982) "Multilateral Comparisons of Output, Input, and Productivity Using Superlative Index Numbers," *The Economic Journal*, 92(365): 73-96.

Ekholm, K., R. Forslid and J. Markusen (2007) "Export-platform Foreign Direct Investment," *Journal of the European Economic Association*, 5(4): 776-795.

Feenstra, R. and G. Hanson (2001) "Global Production Sharing and Rising Inequality: A Survey of Trade and Wages," NBER Working Papers 8372, National Bureau of Economic Research, Inc.

Good, D., I. Nadri, L. Roeller and R. Sickles (1983) "Efficiency and Productivity Growth Comparisons of European and U.S Air Carriers: A First Look at the Data," *Journal of Productivity Analysis*, 4(1-2): 115-125.

Grossman, G., E. Helpman and A. Szeidl (2006) "Optimal Integration Strategies for the Multinational Firm," *Journal of International Economics*, 70: 216-238.

Hayakawa, K., T. Matsuura, K. Motohashi and A. Obashi (2013) "Two-Dimensional Analysis of the Impact of Outward FDI on Performance at Home: Evidence from Japanese Manufacturing Firms," *Japan and the World Economy*, 27: 25-33.

Heckman, J. J., H. Ichimura and P. E. Todd (1997) "Matching as an Econometric Evaluation Estimator: Evidence from Evaluating a Job Training Programme," *Review of Economic Studies*, 64(4): 605-654.

Helpman, E., M. Melitz and S. Yeaple (2004) "Export versus FDI with Heterogeneous Firms," *American Economic Review*, 94(1): 300-316.

Hijzen, A., S. Jean and T. Mayer (2011) "The Effects at Home of Initiating Production Abroad: Evidence from Matched French Firms," *Review of World Economics*, 147(3): 457-483.

Kimura, F. and K. Kiyota (2006) "Exports, FDI and Productivity: Dynamic Evidence from Japanese Firms," *Review of World Economics*, 142(4): 695-719.

Kiyota, K., T. Matsuura, S. Urata and Y. Wei (2008) "Reconsidering the Backward Vertical Linkage of Foreign Affiliates: Evidence from Japanese Multinationals," *World Development*, 36(8): 1398-1414.

Levinsohn, J. and A. Petrin (2003) "Estimating Production Functions Using Inputs to Control for Unobservables," *Review of Economic Studies*, 70(2): 317-341.

Melitz, M. J. (2003) "The Impct of Trade on Intra-Industry Reallocation and Aggregate Productivity," *Econometrica*, 71(6): 1695-1725.

Navaretti, B. and D. Castellani (2004) "Investments Abroad and Performance at Home: Evidence from Italian Multinationals," CEPR Discussion Paper, No. 4284.

Navaretti, B., D. Castellani and A-C. Disdier (2010) "How Does Investing in Cheap Labor Countries Affect Performance at Home? France and Italy," *Oxford Economic Papers*, 62(2): 234-260.

Navaretti, B. and T. Venables (2004) *Multinational Firms in the World Economy*, Princeton University Press.

Rosenbaum, P. and D. Rubin (1983) "The Central Role of the Propensity Score in Observational Studies for Causal Effects," *Biometrika*, 70(1): 41-55.

Yamashita, N. and K. Fukao (2010) "Expansion Abroad and Jobsat Home: Evidence from Japanese Multinational Enterprises," *Japan and the World Economy*, 22(2): 88-97.

Yeaple, Stephen Ross (2003) "The Complex Integration Strategies of Multinationals and Cross Country Dependencies in the Structure of Foreign Direct Investment," *Journal of International Economics*, 60(2): 293-314.

木村福成・椋寛編 (2016) 『国際経済学のフロンティア――グローバリゼーションの拡大と対外経済政策』東京大学出版会。

黒澤昌子 (2005)「積極的労働政策の評価――レビュー」『フィナンシャル・レビュー』第3号、197-220。

松浦寿幸 (2014)「海外直接投資の動向と理論・実証研究の最前線」慶應義塾大学経済研究所 Discussion Paper、DP2014-002。

松浦寿幸・早川和伸・須賀信介 (2007)「工業統計・事業所データと企業情報のリンケージについて――グローバルな立地選択分析にむけて」『経済統計研究』35(2)。

第5章
海外直接投資概念の再整理
―― 新しいFDIの分析手法と概念:「ネットワークFDI」

大久保敏弘

1 はじめに

　本章は近年の海外直接投資（FDI）に関する諸議論をまとめ、近年の動向をデータにより明らかにし、新たな研究の方向性を示す[1]。それは大きく3つの内容から成る。第1に、今日の日本企業の海外直接投資は、水平的FDIと垂直的FDIという伝統的な2分類では不十分な可能性がある。第2に、「ネットワークFDI」という新しい概念や「販売・調達ボックス・ダイアグラム」という新たな分析ツールを提示し、日本企業のFDIデータをもとに分析する。第3に、「ネットワークFDI」や「販売・調達ボックス・ダイアグラム」が、今後の研究にどう応用できるのかを議論する。

　FDIに関する研究は昔から国内外で多くなされてきたが、本章は先行研究のサーベイ（各研究の要点と研究分野の概観）を目的としたものではない。むしろ、最新の研究動向を取り上げ、どのようにFDIを再整理し、今後の研究につなげていくのかという視点で書かれている。そのため数式や計量分析を一切使わず、平易にわかりやすく解説するとともに、実態と乖離することのないよう現実のFDIのデータを多用し、さまざまな切り口を見せていく。同時に、分析の応用例を紹介することで、学部生や大学院生が自身の論文やレポートで利用したり、あるいは社会一般の人、政策担当者や研究者が手軽に応用できるよう意図している。

---

(1) 本章はBaldwin and Okubo（2012, 2014）の海外直接投資に関する論文をもとに加筆したものである。

2　直接投資の分類──伝統的な2分類から多様な分類へ

　海外直接投資論は、この四半世紀以上にわたって「なぜ複数の国にまたがって生産活動をするのか」、そして「なぜ1つの企業によって行われるのか」という2つの問いを中心に研究が進展してきた[2]。標準的な海外直接投資（FDI）の理論では1つ目の問いに重点を置き、水平的直接投資（Markusen, 1984）と垂直的直接投資（Helpman, 1984）という2つの概念を提示することでこの問いに答えている。水平的直接投資は、企業が多国籍化して複数の国で生産・販売し、貿易コストや輸送費（広義・狭義の輸送費）を節約することを目的としている（いわゆる、「販売市場の追求」）。他方、垂直的直接投資は、生産段階を分割し国際間で分業することで、生産費用の格差をうまく利用して生産コストを抑制する目的がある（いわゆる、「生産効率の追求」）[3]。このような2つのFDIの分類の視点で実証研究が盛んに行われてきている。例えばFDIの受け入れ国（ホスト国）の市場規模（「販売市場の追求」）とホスト国と本国間での生産コストの差（「効率性の追求」）との力関係を比較することでFDIの動機を明らかにしてきた。多くの実証研究の結果、効率性の追求がより支配的であり、全般的に垂直的直接投資の色が濃いことが明らかになっている（Carr et al., 2001; Blonigen et al., 2003; Markusen and Maskus, 2002）[4]。

　しかし、最新の研究では、FDIを単に2つに分類するだけではもはや不十分であると主張されている。例えば、親会社と子会社の特徴を用いてFDIの動機を明らかにしようとする研究がある。具体的な内容は後述するが、Feinberg and Keane（2006）は貿易の観点、Alfaro and Charlton（2009）は生産

---

[2]　日本語による優れた文献や研究も数多くある。ここ最近のものとして、深尾・天野（2004）は対日直接投資を分析している。清田（2015）は直接投資を包括的にサーベイしており、本研究（厳密には本章のもとになったBaldwin and Okubo, 2014）で提示した「販売・調達ボックス」を分析のバックボーンにし議論を展開している。また、松浦（2014）も学術的な研究を中心に丹念にサーベイしている。本章はサーベイを目的としていないため、これらの文献を参照されたい。

[3]　詳しい研究内容についてはAntràs and Yeaple（2013）を参照されたい。

[4]　より詳しい研究内容についてはBlonigen（2005）、Navaretti and Venables（2004）を参照されたい。

の観点から分析した結果、伝統的な2分類に当てはまる親・子会社の関係はほとんど見られなかった。

このような実態もあり、2分類を越えた分類の見直しが行われている。Hanson et al.（2001, 2005）では、海外子会社の目的として①第3国市場へ輸出するために生産する、②親会社からの原料や財を加工し付加価値をつける、③卸売や流通を通じて現地で販売する、として新たに3つのタイプでFDIを再整理した。さらに Yeaple（2003a, 2003b）は海外子会社には複数の目的があり、できるだけ多くの目的を同時に達成できる国に進出する傾向があることを明らかにし、これを「コンプレックスFDI」と呼んだ。また、Ekholm et al.（2007）は第3国への輸出を目的としたいわゆる「輸出プラットフォーム型FDI」を提示した。

FDIや生産工程の分化を通じた中間財・部品貿易も盛んである。いわゆる「フラグメンテーション」の一連の研究（Kimura and Ando, 2005; Athukorala and Yamashita, 2006; Athukorala, 2012; Okubo et al. 2014）では、アジアの機械産業でフラグメンテーションを通じた中間財・部品貿易が活発であることを明らかにした[5]。このようにFDIの研究は伝統的な2分類を越えて多様化してきており、それに応じてさまざまな概念が提示されてきている。

2.1 実証研究の進展――多様な分類と新たな分析の視点

2分類を越えて多様化したFDIをどのように捉えていくのか、今日の実証研究はこの問いに答えるべく、大きく進展している。FDIの動機に関する初期の研究では、貿易とFDIの関係性に重きを置いたものが多い。基本的な国際経済の教科書で述べられているように垂直的FDIのもとでは両者は補完的、水平的FDIでは両者は代替的な性質を持つ。しかし、実証研究の結果、ほとんどの研究においてFDIと貿易とは補完的なものだったことが明らかになっている（Lipsey and Weiss, 1981; Clausing, 2000 など）。Blonigen（2001）は垂直的FDIと水平的FDIの双方を同時に考慮し、大きな市場を持つ国の間で活発に行われるのか（市場の追求）、それとも財や要素の価格差が

---

[5] フラグメンテーションの詳細に関しては本書の第1章を参照。

大きい国の間で活発に行われるのか（効率性の追求）を分析した[6]。その後、同様な研究が多くなされたが、ほとんどの場合、垂直的な要因（効率性の追求）が支配的であることがわかった。さらに、垂直的FDI自体に関する研究も行われ、近接性と規模の関係（proximity-versus-scale）を明らかにした。Brainard（1997）では、企業は高い貿易コストに直面したとき、規模の経済を捨てて顧客との近接性を高めることを選ぶ傾向にあることを示した。

これらの一連の実証研究ではFDIを2分類できるということが前提だった。しかしその一方で、FDIの2分類自体がそもそも適切ではないのではという疑問が出てくる。例えば、貿易データを用いて水平性と垂直性の関係を検証した重要な論文として、Feinberg and Keane（2006）が挙げられる。彼らは米国とカナダの貿易における親・子会社関係に注目した。親・子会社関係における貿易パターンを見る限り、純粋に水平的あるいは垂直的な動機に一致するものはほとんどなく、通常、両者が混在していることがわかった。さらにAntràs and Foley（2009）は企業レベルデータを使い、生産ネットワークの観点から分析した。アジア自由貿易協定（Asian Free Trade Agreement）が米国の子会社に及ぼす影響について検証し、AFTAの結果、域内の子会社の数、規模が他のアジアのホスト国に比べて増加した。加えて、第3国での売上の割合もAFTAとともに上昇したことから、単なる本国とホスト国の1対1の関係ではなく、1つのネットワークで捉えることが重要と結論づけた[7]。企業データを用いたFDIネットワークに注目した論文ではほかにAlfaro and Charlton（2009）がある。彼らは各親会社と子会社に適用された標準産業分類SIC（Standard Industrial Classification）コードを用いて、FDIを3分類にし、水平的か垂直的か、あるいは「コンプレックスFDI」かを分析した。親会社と子会社の産業コードが同じである場合、水平的FDIとし、もし子会社が

---

[6] その他、代表的な研究としてはCarr et al.（2001）、Markusen and Maskus（2002）、Blonigen et al.（2003）、Yeaple（2003b）、Helpman et al.（2004）、Braconier et al.（2005）、Davies（2008）、Irarrazabaly et al.（2013）が挙げられる。

[7] Arnold and Javorcik（2009）はインドネシア企業を海外のオーナーが取得した場合に水平性と垂直性がどのように変化するかを分析した。その結果、海外オーナーに所有されることによって水平性が減少して垂直性が増加し、生産性の上昇に寄与するとしている。

親会社の最終財へのインプットになる産業コードである場合、垂直的FDIと定義した。そしてこの両方を同時に満たしている場合は「コンプレックスFDI」と定義した。その結果、彼らの研究によって多くの垂直的FDIが従来は水平的FDIであると誤認していたことがわかった。

さらに最新の実証研究では、海外子会社自体の活動に注目した研究が始まっている。例えば、米国企業の子会社が行う輸入に関して研究を行ったHanson et al.（2005）では、親会社と子会社の貿易を決定づけるうえで貿易コストと賃金の差が重要であるとしている。さらにBernard et al.（2005）では、米国企業の親会社と子会社との貿易に注目し、販売・調達関係の側面を明らかにした。Borga and Zeile（2004）では米国企業の子会社への中間財輸出に焦点を当てた。

2.2　理論研究の進展──「第3国」の存在

FDIの研究では理論研究も膨大に存在する。その多くは中間財を考慮しない2国モデルである（Helpman, 1984; Markusen, 1984）。「第2のアンバンドリング」として知られている、近年の「生産システムの大転換」が起こる前にこれら一連の論文は出ており、中間財を大々的に扱わないことはある種、「自然なこと」であったとも言える（Baldwin, 2006）。しかし、近年の「生産システムの大転換」によって、FDIの性質や動機は大きく変貌した。1980年代の一連のFDIの研究から近年の「生産システムの大転換」に対してどのように理論研究が推移してきたかを概観する。

基本的な理論モデルは、2国であること、中間財がないこと、そして第3国効果がない市場構造を前提にしている。こうしたもとでは企業が海外生産する利点は2つだけである。貿易コストが低いことと生産コストが低いことである。現地に工場を作り市場に製品を供給する場合、水平的FDIでは貿易コストを節約することができる。この場合、FDIが貿易の代替的な役割を担うことになる。一方、垂直的FDIでは最終製品になるまでに両国で付加価値がつけられていくが、生産のメインはどちらか1つの国で行われる。Helpman（1984）での例を用いると、専門性の高いものは「本部サービス」として本国で引き受けられるが、実際の生産はホスト国のみで行われる。この

場合、FDI と財の貿易は補完的な役割を持つことになる。

次第に FDI と貿易の関係は、補完か代替かのような単純な世界でなくなってくる。20 世紀終盤から直接投資が急速に進展するにつれ、その変化を説明しようとさまざまな理論的な発展が見られた。Yeaple（2003a）では水平・垂直の議論の域を超える。単純な 3 国モデルを作り、個々の企業が水平的 FDI と垂直的 FDI の両方を併せ持つ状態を「コンプレックス FDI」と呼び分析した。また Ekholm et al.（2007）と Grossman et al.（2006）は、より複雑なモデルを用いて、Yeaple の分析をさらに一般化した。このように一連の理論研究では 2000 年代から「第 3 国」が登場し、第 3 国の FDI への影響が研究されるようになった。これの意図するところは、FDI の進出先の選択には本国とホスト国以外の第 3 国の要素も大きく影響するということである[8]。

さらにこれ以外の近年の重要な研究の進展として「新・新貿易理論」がある。Melitz（2003）流の企業の異質性を導入した Helpman et al.（2004）では生産性の高い企業ほど FDI を行う傾向があるということを明らかにし、個々の企業の生産性が FDI に影響するとした。彼らの分析は新たな研究の方向性を示し、その後、企業の異質性の観点から多くの FDI に関する研究が進んでいる。

3 「販売・調達ボックス・ダイアグラム」

本章の最大の特徴は海外子会社の貿易行動によって FDI を分類することである。近年の複雑なサプライチェーンを考えると、なぜ工場を本国ではなく海外に建てるのかといった要因や動機を単純明快に表すのが難しくなってきている。さまざまな中間財が生産者間で売買され、その中間財を投入して最終財が作られるが、これを「効率性の追求」か「販売市場の追求」かの 2 つの動機だけでは捉えきれない。したがって、実際の日本企業の海外子会社の輸出入行動に注目し、両方の動機が常にあるとして FDI を分類していく。

---

[8] Baltagi et al.（2005）では、第 3 国効果が重要であるということを空間計量の手法を用いて実証研究した。

第5章 海外直接投資概念の再整理　117

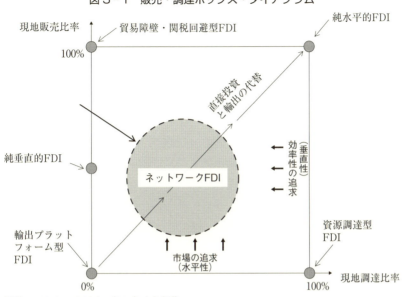

図5-1　販売・調達ボックス・ダイアグラム

出所：Baldwin and Okubo（2014）より転載。

ここで、「販売・調達ボックス・ダイアグラム」を紹介する。図5-1のように二次元でシンプルに表されるのを大きな特徴とし、垂直軸に現地子会社の現地販売比率を、水平軸に現地子会社の中間財・原料の現地調達比率をとる。現地調達比率が低いと、垂直的FDIの色合いは強い。子会社が加工のために中間財を輸入している場合、ホスト国で加工にかかる費用が安価である。このような場合、現地子会社の動機には効率性の追求がある。このようにFDIの垂直性を海外子会社の非現地調達の割合として捉える。これとは対照的に、現地での高い販売比率の場合、水平的FDIの色合いが強い。最終財のほとんどが現地販売されているとすれば、販売市場の追求が直接投資の動機として大きいということになる。したがって、FDIの水平性を海外子会社の現地販売の割合として表現できる。焦点は、従来からのような個々の海外子会社の特性や親会社との関係ではなく、むしろ海外子会社を中心とした調達と販売を中心とする企業行動である。

ボックス・ダイアグラムは従来の研究で明らかになったさまざまなタイプ

のFDIを1つの図（図5-1）に網羅できる。

① 「純水平的FDI」はボックスの北東の角にある。子会社が最終財の販売と中間財の調達をすべて現地で行う。
② 「純垂直的FDI」（Helpman, 1984）はボックスの西側の境界に位置する。すべての中間財（本部サービスを含む）が海外から調達され、最終財の一部は本国に再輸出される。
③ 「輸出プラットフォーム型FDI」はボックスの南西の角に位置する。中間財はすべて輸入され、最終財はすべて輸出される。
④ 「貿易障壁・関税回避型FDI」はボックスの北西の角に位置する。最終財にかかる貿易障壁を回避するため、すべての中間財や部品は本国から輸入され、組立を現地で行い、最終財は現地販売される。
⑤ 純粋な「資源調達型FDI」（農業、鉱業、漁業等）はボックスの南東の角にあり、すべて原料は現地調達され、すべて本国へ輸出される。

ここで図5-1のように現地販売比率と現地調達比率がともに0から1の間の中間的な値をとる場合、「ネットワークFDI」として分類することにする。これは国際的なサプライチェーンの一部と見ることができる。次に、FDIと貿易との関係を見る。FDIの水平性は北側に近づくほど増し、垂直性は西側に近づくほどに増す。南西から北東方向に近づくにつれて、FDIと貿易の代替性は高まっていく。純水平的FDIの位置する点では貿易が完全に消滅する。その一方で生産加工工程の一部であるような垂直的なFDIでは中間財・最終財ともに貿易を大きくする。

このボックス・ダイアグラムは単純明快に示すことを最大の目的としている。したがって、この図では表しきれない重要な要素が多々あることに注意されたい。例えば、その1つとして技術が挙げられる。我々のデータでは技術を考慮できないので本分析の域を超える[9]。海外に子会社を設置する動機に現地の技術やノウハウの獲得が往々にしてある。もう1つ、表せない要

---

[9] 技術とFDIの関係性についてはFosfuri and Motta（1999）、Siotis（1999）、Carvalho et al.（2010）、Driffield and Love（2003）及びLove（2003）を参照。

図5-2 FDIと開発戦略

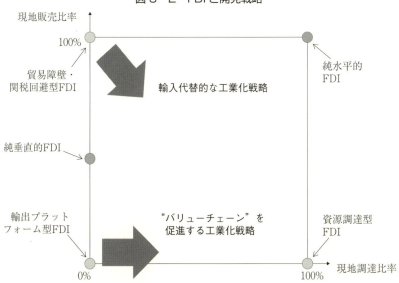

出所：Baldwin and Okubo（2014）より転載。

素として現地の労働力がある。現地調達はあくまでも中間財や原料の調達を示しており、現地の労働力はこれに含まれない。

3.1　1つの事例──FDIと開発戦略

この「販売・調達ボックス・ダイアグラム」を用いることで、FDIを含む途上国の開発戦略をうまく捉えることができるだろう（図5-2）。例えば、伝統的な輸入代替化ではまず組立工程の誘致に始まり、その後より多くの中間財が現地で生産されるよう多国籍企業を誘致するが、最終的な目標はFDIを通じて現地調達の割合を増やし経済発展を進めていくことである。これはボックスの中で北西の角から南東の角への動きとして捉えることができる。

また、最近の中国や東南アジアでは南西の角の輸出プラットフォーム型FDIから始まり、最終的にはより多くの中間財の現地調達を増やす方向に誘導しようとしている。ボックス内では東へと点が移動することで表現できる。さらに今後の戦略によっては最終財の現地販売を増やす方向に推移するかも

120　第Ⅱ部　生産ネットワークの新展開

表5-1　基本統計（海外子会社数）

産業＼地域	アフリカ	アジア	欧州	中東	北米	オセアニア	南米	産業計
サービス	82	3,365	1,570	56	1,511	284	541	7,409
機械	27	3,425	702	10	968	57	188	5,377
化学	4	698	177	2	209	14	26	1,130
第1次産業	7	421	94	2	158	133	74	889
金属	7	503	31	1	127	11	18	698
軽工業	1	580	27		50	11	20	689
地域計	128	8,992	2,601	71	3,023	510	867	16,192

出所：Baldwin and Okubo（2014）より転載。

しれない。この場合は北東方向へと動いていくだろう。

4　日本企業の海外子会社による販売と調達——データ分析

4.1　日本の海外直接投資

　本章では日本企業の海外子会社に関するデータとして、経済産業省による「海外事業活動基本調査（通称：海事調査）」を用いる。海事調査は毎年行う調査で、全世界・全産業における日本企業の海外子会社が対象になっている[10]。まず基本統計を見る。表5-1からわかるように、日本の海外子会社が最も多い産業はサービス産業と機械産業である。そしてホスト国で最も多い地域はアジアで、北米、欧州がそれに続く。

4.2　販売・調達のパターン——現地子会社の貿易パターン

　子会社の個票データを国・産業ごとに集計して分析する。はじめに日本企業の海外子会社が「販売・調達ボックス・ダイアグラム」の中でどのように位置しているかを示す。現地販売と中間財や原料の現地購入・現地調達の割

（10）　親会社と海外子会社はそれぞれ別々に調査されるのが大きな特徴である。親会社はほぼすべての会社が回答、子会社は1996年時点で59％、2005年時点では70％が回答している。質問項目は従業員数や資産、知的財産等と、幅広く設定されている。また質問の基本項目に毎年変更はないが、年に特有の調査項目もある。近年は質問をより単純にしているという傾向がある。

第5章 海外直接投資概念の再整理 121

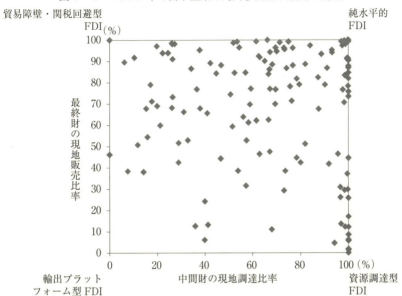

図5-3 1996年の日本企業の海外子会社の販売と調達

出所：Baldwin and Okubo（2014）より転載。

合（労働力や資本、技術は含まない）を各産業について集計しプロットしていく。その結果、図5-3のように各産業が1つの点で表され、水平的・垂直的なFDIの分類を大まかに捉えることができる。1996年時点では、ほぼ全産業において水平的FDIが支配的であった。それは多くの点が北東から東の端の部分にプロットされていることからも確かめられる。ボックス・ダイアグラムのすべての点を東端に寄せることで図5-4のような水平性のヒストグラムを作ることができる。こうすると、最終財の約90％以上を現地販売している産業が支配的であることがわかる。子会社のほとんどが水平的動機に基づいて海外進出していたことになる。

1996年時点（図5-3）と2005年時点（図5-5）を比較する。近年の「生産のアンバンドリング」が進行するにつれて、日本企業の海外子会社の販売・調達パターンは劇的に変化する。情報・通信技術の飛躍的な発展が「生産のアンバンドリング」を押し進め、より生産コストの低い場所での生産が可能になった（Baldwin, 2006）。いくつかの産業では水平的な動機が強いまま

122　第Ⅱ部　生産ネットワークの新展開

図5-4　1996年の産業別現地販売比率（頻度と累計）

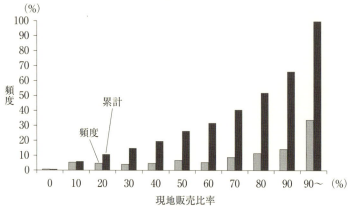

出所：Baldwin and Okubo（2014）より転載。

図5-5　2005年の日本企業の海外子会社の販売と調達

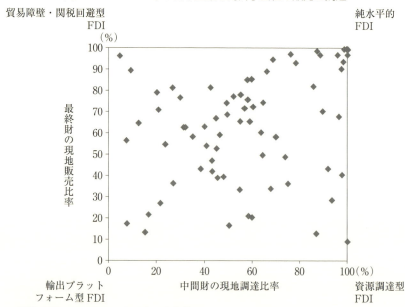

出所：Baldwin and Okubo（2014）より転載。

ではあるが、多くの産業はボックスの中心部分に寄ってきている。したがって、日本企業の海外子会社の販売・調達パターンは1996年から2005年にかけて劇的に変化し、「ネットワークFDI」が出現してきていると言える。

4.3 産業の特性

販売・調達パターンは産業によって大きく異なる。図5-6は産業分類で区分したものである。軽工業、化学、金属及び金属製品、機械、サービス、第1次産業と大きく分けることで特徴が明らかになる。2005年のデータ（図5-6下段）を見ると、サービス産業が伝統的な水平的FDIの特徴を持っていることがわかる。例えば、ホテル・レストラン、不動産、広告業はほぼ完全に現地で原料中間財を調達し、最終財も実質的にすべて現地販売している。平易な言い方をすればサービス産業は完全な現地販売・現地調達パターンを持っている。ほかにも純水平的FDIのパターンを持つ産業がいくつかある。飲料、建設、食品といった産業では、現地生産と現地販売は高い割合である。第1次産業も極端なパターンを持っており、一般的にはボックスの東端に集中してプロットされている。林業や鉱業等の資源産業では現地の販売割合は非常に低いが、調達割合は非常に高い。

従来からFDIが盛んな産業では現地販売・現地調達する傾向がある。高い割合の産業としては自動車と自動車部品産業が挙げられ、現地販売・現地調達の割合はおよそ60-70％に達する。しかし対照的に、その他の輸送機械では現地販売・現地調達比率は低く、それぞれ17％と22％にとどまる。割合が低いことの背景には、海外子会社が中間財を加工する生産段階であり国際的なサプライチェーンの中にある、ということがある。加工後は他の生産拠点に輸出されることを示している。

化学産業では概して現地販売比率は高いが、現地調達比率はそれぞれ異なる。例えば、医薬品、化学肥料、化粧品産業では現地調達比率が30％以下と低いが、現地販売比率は80％を超える。最後に軽工業（衣料品や木製品、紙製品など）は重工業に比べてより資源開発型FDI（現地調達100％、現地販売0％）の方向に向かって動いている。

産業分類の定義の改訂があるため、1996年と2005年を厳密に比較するこ

124　第Ⅱ部　生産ネットワークの新展開

図5-6　産業別販売・調達ボックス・ダイアグラム

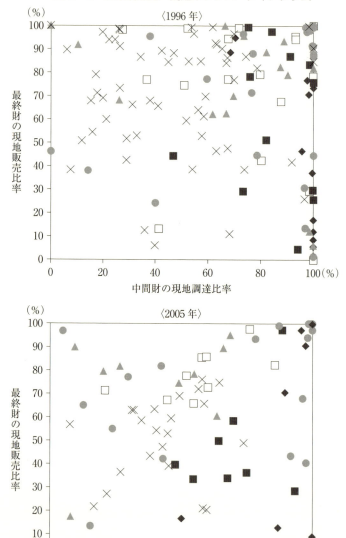

◆ 第1次産業　■ 軽工業　▲ 化学　● サービス　× 機械　□ 金属及び金属製品
出所：Baldwin and Okubo (2014) より転載。

とは難しいが、2005年時点（図5-6下段）で多く見られる産業の特徴は1996年時点（図5-6上段）でも見て取ることができる。例えばサービス業と第1次産業は極端な販売・調達のパターンを持っているし、軽工業は概して機械産業よりも現地調達比率が高い。時系列的に大きく変化したのは、機械産業である。1996年当初、機械産業の多くは80％を超える高い現地販売・現地調達比率だった。しかし2005年になると80％を下回る状態になっている。これは機械産業においてサプライチェーンの国際化が進んでいることを裏付けている。

4.4　進出先の国の特性

　日本企業の海外子会社の販売・調達のパターンはアジア、北米、欧州の3地域でそれぞれ違いがある。図5-7は2005年時点での欧州（上段）とアジア（下段）における産業レベルでのプロットである。ここでの現地販売は、地域全体での販売ではなく、あくまでも各進出先国内での現地販売を意味していることに注意したい。アジア、欧州ともにいわゆる「ネットワークFDI」の様相を呈している（第1次産業とサービス産業を除く）。

　欧州においては、現地販売比率が50％以上、現地調達比率が60％以上といった産業はほとんどない。これは日本企業が欧州市場を単一市場であるとみなしているからで、日本企業は例えば欧州内の国に子会社を置き、そこから他の欧州諸国に最終財を輸出したり、原料を輸入し調達している。欧州の各国は市場規模が小さいため現地調達比率も限られてくると考えることができる。

　アジアにおける販売・調達パターンは欧州に類似している。しかし、アジアにおけるサービス産業は国ごとに分化がかなり進んでいるようで、現地販売・現地調達比率が高い。欧州ではこれとは対照的でサービス産業の多くは現地販売比率が70％以下、現地調達比率は50％以下である。機械産業のような大規模FDI産業に関しては、アジア、欧州ともに「ネットワークFDI」の特徴があり、中間的な値の現地販売・現地調達比率をとっている。

　一方、北米における販売・調達パターンは図5-8のように欧州やアジアと大きく異なる。大きな特徴として、現地販売比率の高さがある。特に製造

126　第Ⅱ部　生産ネットワークの新展開

図5-7　欧州とアジアにおける販売・調達ボックス・ダイアグラム（2005年）

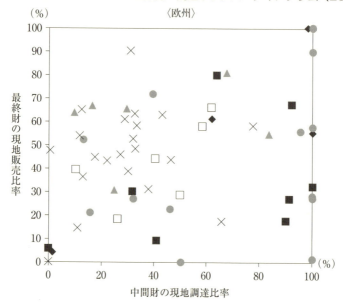

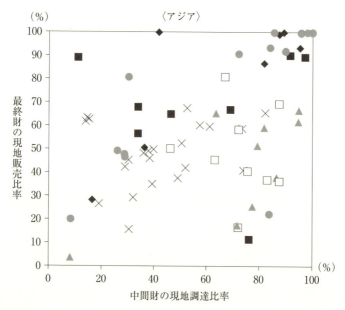

◆ 第1次産業　■ 軽工業　▲ 化学　● サービス　× 機械　□ 金属及び金属製品

出所：Baldwin and Okubo (2014) より転載。

図5-8 北米における販売・調達ボックス・ダイアグラム（2005年）

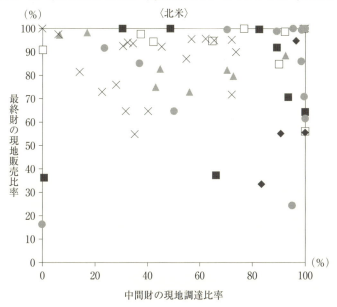

◆ 第1次産業　■ 軽工業　▲ 化学　● サービス　× 機械　□ 金属及び金属製品
出所：Baldwin and Okubo（2014）より転載。

業（化学、軽工業、機械）では顕著である。ほとんどすべての産業で最終財の50％以上がホスト国内（米国、カナダ、メキシコ）で販売される。1つの理由として米国1国で欧州全体に匹敵するほど市場が大きいということが考えられる。

5　3国以上での販売・調達パターン

今まで販売・調達を本国と外国という2国に分けて分析してきた。しかし、近年バリューチェーンやフラグメンテーションに関する研究が盛んになってきているので、第3国を考慮して販売・調達のパターンを見ていく。具体的には、販売と調達を「現地」、「日本」、「ホスト国のある地域全体の国々」「その他第3国の世界の国々」の4つの地域にパターンを分解することがで

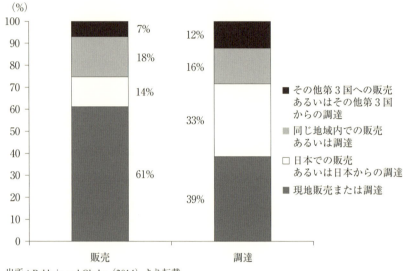

図5-9 販売と調達の構成比率（2005年）

出所：Baldwin and Okubo（2014）より転載。

きる。ここでの「地域」とは、北米、アジア、南米、欧州、オセアニア、そしてアフリカである。

　まず日本企業の子会社の販売・調達パターンを全世界、全産業で集計した。図5-9の左側は、海外子会社の販売先を上記の4つに分割したものである。図5-9の右側は子会社の中間財の調達先について表したものである。

　図5-9で最も重要なことは、販売の25％は本国（日本）向けでもホスト国向けでもない第3国である、ということである。さらに調達の28％は本国（日本）またはホスト国以外の第3国から行われている。このような結果は2国の世界ではFDIを把握することができず、本国と外国だけの2国の理論モデルを前提にして実証研究するのは非常に危険であることを示唆している。例えば販売側で見ると従来の水平的FDIのストーリーは十分ではない（現地販売比率は61％）。また調達側で見てみても水平的FDIのストーリーは当てはまらない（現地調達比率は39％）。本国からの調達も33％しかないという事実もあるので、2国のフレームワークで垂直的FDIとして説明することも苦しい。

5.1 機械産業と「ネットワーク FDI」

さらに産業ごとに集計したのが図5-10である。左から第3国での販売や調達の割合が高い順に並んでいる。電子機器、繊維、化学、機械産業といった製造業や金融と保険といったサービス産業が上位にランクされている。

近年の生産のアンバンドリングは主に機械産業、特に一般機械、電子機械で起こっており、図5-11は図5-10から抽出したものを示している。それぞれのグラフは現地販売が高い順に並べられている。自動車産業が最上位に来る[11]。すべてのホスト国を平均すると、80％以上が現地販売されるが、現地調達の割合は60％にとどまる。グラフの最下段を見ると、事務用・サービス用・民生用機械であり、その現地販売比率は約20％に満たない。大きな割合を占めるのは日本での販売であり、また第3国市場での販売も15％を占めている。これらの産業では現地子会社が国際的なサプライチェーンネットワークに組み込まれており、部品や中間財を地域内の他の国から輸入して加工したのち別の国に輸出し、最終的には最終財として日本に戻る構造である。電子機械も「ネットワーク FDI」の様相を呈している特徴的な産業である。75％もの中間財が輸入され（その半分は日本から）、70％の最終財が主にホスト国と同じ地域内の第3国へ輸出されている。似たようなパターンはコンピュータ、電子部品、その他の輸送用機械、精密機械（時計やその他精密機械）産業でも見ることができる。

5.2 アジアと欧州における電子機械産業の FDI

さらに「ネットワーク FDI」の特徴が顕著な産業を選び分析を進める。ここでは電子機械関連の3産業に注目する。3産業のみを扱うことで、販売・調達パターンを国レベルに分解し詳細に見る。特に最もネットワーク化の進んでいるアジアを中心に見ていく。

まず、「通信機器・電話及び関連製品」（1501）の販売パターン（図5-12上段）を見る[12]。多くの製品が日本やその他のアジアの国、または欧州、

---

[11] 多くの発展途上国では自動車や小型トラックの現地生産または組立を促すような貿易政策や産業政策が採られている。

図5-10 産業別販売・調達の4分解

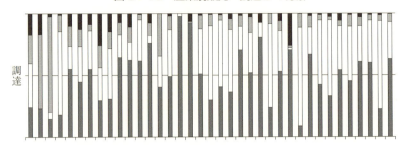

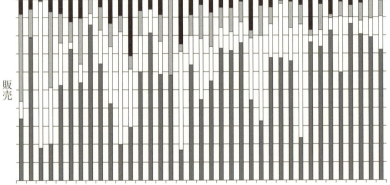

出所:Baldwin and Okubo (2014) より転載。

第 5 章　海外直接投資概念の再整理　131

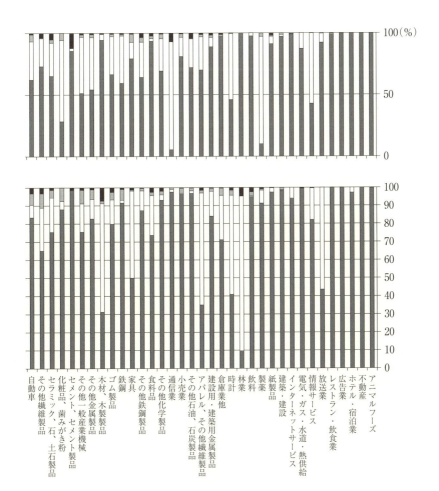

■ その他第 3 国への販売あるいはその他第 3 国からの調達
▨ 同じ地域内での販売あるいは調達
□ 日本での販売あるいは日本からの調達
■ 現地販売または調達

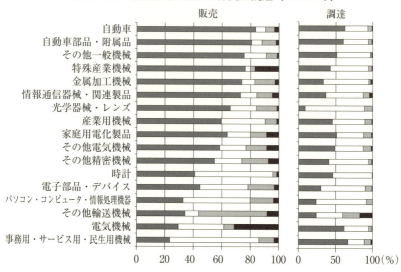

図5-11 機械産業における販売と調達（2005年）

■ 現地販売または調達
□ 日本での販売あるいは日本からの調達
▨ 同じ地域内での販売あるいは調達
■ その他第3国への販売あるいはその他第3国からの調達

出所：Baldwin and Okubo（2014）より転載。

米国に輸出されている。しかしながら、アジア市場以外への輸出割合はそれほど大きくはなく、大多数はアジア圏内である。サプライチェーンはアジアに局地化しており、調達側でより顕著である（図5-12上段右）。アジアにある子会社はアジア地域内で中間財の調達をしており、現地での国内調達の割合は香港を除いて大きくない。これはいわゆる「グローバル・バリューチェーン」という言葉が適切ではないということを示唆している。我々のデータからわかるようにバリューチェーンはほとんどアジア地域内に限定されており、決して地球全体に展開しているわけではない。特に「コンピュータ」（1502）における販売・調達の地域化・局地化はさらに顕著である（図5-12中段）。シンガポールを除いて、コンピュータが現地販売されることは

---

(12) ただし、当該製品の日本企業の現地子会社による現地販売がほとんどない中国は除くことにする。

第5章　海外直接投資概念の再整理　133

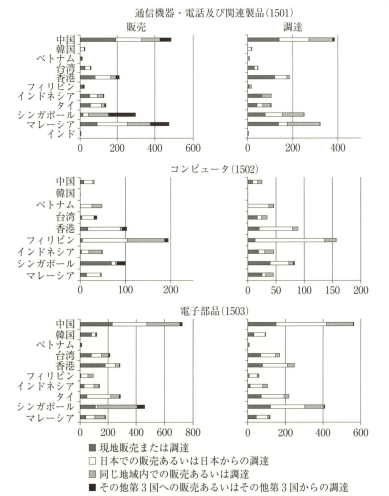

図5-12　アジアにおける電子機械産業（2005年）
（1000百万円）

出所：Baldwin and Okubo（2014）より転載。

少なく、その他のアジアの国に輸出されるのがほとんどである。日本はアジアの中で最大の輸入国である。販売パターンを調達パターンと比較したとき、日本はコンピュータ生産における最大の中間財の供給者であるということもわかる。以上の事実を踏まえると、日本のコンピュータ産業は生産ラインを

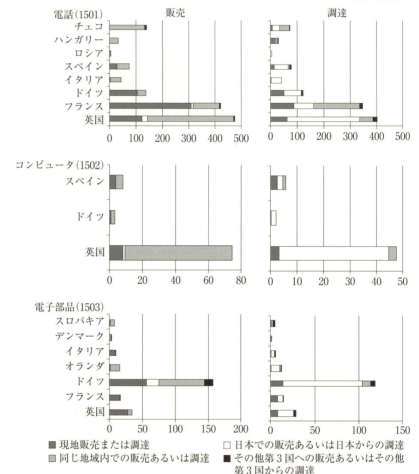

図5-13 欧州における電子機械産業（2005年）

出所：Baldwin and Okubo（2014）より転載。

生産コストの低いアジア諸国に移し、中間財の生産を日本がキープしていることがわかる。「電子部品」（1503）（図5-12下段）は高い現地販売比率であるが、他のアジアの国から、特に日本からの調達割合が高い。

図5-13は欧州のケースである。アジアで見られる「ネットワークFDI」

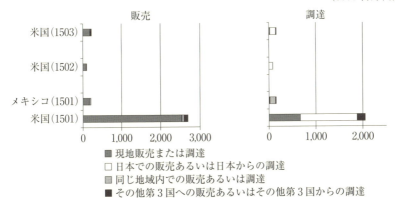

図5-14 北米における電子機械産業（2005年）

（1000百万円）

注：1501：電話、1502：コンピュータ、1503：電子部品。
出所：Baldwin and Okubo（2014）より転載。

の特徴は欧州においても部分的にだが観察できる。例えば、「電子部品」（1503）（下段）ではほとんどすべてが他の欧州諸国に輸出されている[13]。「電話」（1501）（上段）と「コンピュータ」（1502）（中段）では現地、及び地域内での販売比率が非常に高い。わずかに日本へ輸出する分を除けば、実質すべての最終財が欧州内で販売されていることになる。英国はほとんどすべての中間財を日本から輸入、その一方でほとんどすべての最終財を他の欧州諸国に輸出している。英国では日本製のコンピュータの組立が行われていることを示している。

5.3　米国における電子機械産業のFDI──特異なパターン

　アジアと欧州の販売・調達パターンは類似していたが、米国のパターンは日本企業の子会社は国際的なサプライチェーンに組み込まれていないため、両地域と大きく異なっている。
　北米のFDIパターンは非常に単純である。図5-14は3つの電子機械産

（13）英国だけは例外的に現地販売が支配的である。

図5-15 アジアにおける自動車産業の販売と調達（2005年）

(1000百万円)

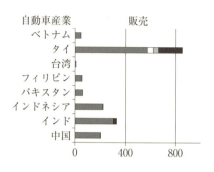
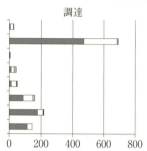
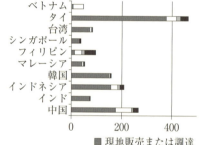
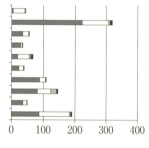

■ 現地販売または調達
□ 日本での販売あるいは日本からの調達
▨ 同じ地域内での販売あるいは調達
■ その他第3国への販売あるいはその他第3国からの調達

出所：Baldwin and Okubo（2014）より転載。

業を1つの図にまとめている。「電子部品」(1503)と「コンピュータ」(1502)における日本企業の米国子会社は、中間財をほぼ100％日本から輸入し、ほぼ100％を米国で販売している。米国へのFDIは最終財の直接的な輸入を回避し、日本から部品を輸入して米国内で組み立てて最終財として完成させ販売している。しかし、現地調達がほとんどないため、これは純水平的FDIとは呼べない。一方、「電話」(1501)は3分の1ほどを米国内で現地調達し、残りは日本を中心としたアジアから輸入している。一方で販売はほぼ100％現地で行われている。

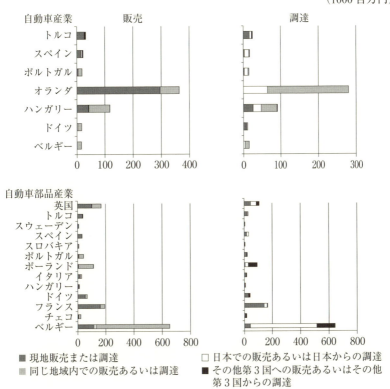

図 5-16 欧州における自動車産業の販売と調達（2005 年）

出所：Baldwin and Okubo（2014）より転載。

5.4 自動車産業の FDI

複数の国にわたる生産活動を既存の実証研究では十分捉えきれていなかった。このことを示すため、自動車産業を例に詳しく見る。図 5-15 は自動車及び自動車部品産業において日本企業の FDI が盛んなアジア 8 カ国を示したものである。左図は販売を示している。現地市場での販売の割合が大きい。これは製品をほとんど輸出する電子機械産業と対照的である。完成した自動車よりも部品の方が現地販売の割合は高いが、どちらの産業も依然としてホスト国内での販売割合が非常に高い。タイは例外的で販売の 3 分の 1 を主に米国や欧州に輸出している。自動車産業における販売は全体として国際的に

138　第Ⅱ部　生産ネットワークの新展開

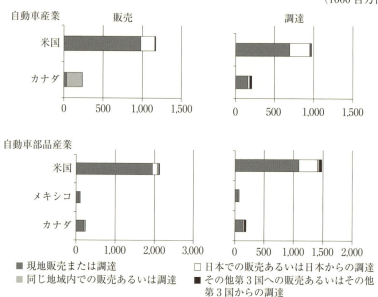

図5-17　北米における自動車産業の販売と調達（2005年）

（1000百万円）

出所：Baldwin and Okubo（2014）より転載。

広がっており、ベトナムやフィリピンなどといった国々はほぼすべて最終財を輸出している。もう1つの大きな違いは、日本が自動車部品の主な輸出先になっているという点である。輸出の割合はある一定程度だけである（ベトナムを除く）ものの、ほとんどのホスト国でこの傾向が見られる。ベトナムは日本企業の生産ラインの中で1つの生産工程だけが移管される典型的な例である。つまり、ベトナムにおける日本企業の子会社は基本的に日本から中間財を100％輸入し、完成品を100％日本に輸出しているのである。一方、調達側（右図）は日本を中心とした生産ネットワークをより明確に示している。しかし、いくつかの例外（フィリピン、パキスタン）を除いて、中間財の多くは現地調達されており、割合は50％を超える。

　欧州のケースは図5-16である。販売側（左図）を見ると、現地または地域内での販売が支配的である。地域を越えた販売は少ない。一方、調達側（右図）では最終財と部品とで大きく異なっている。最終財ではいくつかの国、

特にオランダ、ハンガリー、トルコでは現地または地域内の調達が大きくなっている。一方で部品ではある種の現地組立のパターンに近い。フランスを除けば、欧州におけるすべてのホスト国は調達の多くを日本やアジアから行っている。

最後に、北米に関して図5-17に示している。自動車産業のFDIが純水平的FDIである。販売側（左図）ではほとんどの最終財が北米地域内で販売されている。部品産業に目を向けると、日本からの中間財の輸入は20%程度で、残りはカナダやメキシコ、米国での現地調達を行っている。このように地域化あるいは局地化が顕著である。さらに調達側（右図）でも同様に局地化が進んでおり、中間財が地域内で調達されている。

6 「ネットワークFDI」と「販売・調達ボックス・ダイアグラム」の拡張と応用

6.1 研究のアイデア

「販売・調達ボックス」や「ネットワークFDI」の考え方を用いれば、近年の多様かつ複雑なFDIを簡単に分類でき、分析することができる。

この分析での最大の特徴は「現地子会社」の貿易パターンを販売と調達で説明することにある。1つの単純な例としてベトナムの自動車部品産業を挙げる。ベトナムでの日本企業の子会社は中間財を100%輸入し、最終財を100%再び日本に輸出している。こういったパターンと産業の特徴（最終財か部品・中間財かなど）を考慮すれば、このFDIが市場の追求ではなく効率性の追求を重視しているということがわかる。しかし、ここで注意すべきは、ベトナム1国の要素賦存からではなく、あくまでも子会社の販売・調達パターンとしてFDIが起こっているということである。もう1つの極端な例として、北米の日本企業の自動車部品産業の子会社はNAFTA（北米自由貿易協定）以外の国からの中間財の調達割合が24%しかないのに対して、最終財の93%はNAFTA内で販売されている。これは市場の探究を目的としている。しかし、これはマクロ的な要因によるものではなく、あくまでも個々の子会社の行動からわかるのである。子会社の調達と販売をめぐる企業

行動という新たな観点を明確に入れることで、FDI 理論をさらに精緻化させていくことができるだろう。

　実証研究において検証可能な仮説として第 3 国の影響、またはバックワード／フォワードリンケージ（後方・前方連関効果）に関するものがある。販売・調達のパターンは同じ地域内にある別の隣国における日本企業の子会社の販売・調達に影響を与え、またその影響を受けるはずである。これは言いかえれば需要または供給と連動して第 3 国が現地に与える影響を考慮するということである。さらにいくつもの仮説を導き出すことが可能であろう。例えば、企業の異質性の観点から FDI の水平性・垂直性を検証できるだろう。生産性の高い企業は利潤が高いため、生産ネットワークを構築し、「ネットワーク FDI」を行う傾向にある。日本の多国籍企業は規模が大きければ大きいほど、「ネットワーク FDI」を広げることができる。一方で規模の小さい、生産性の低い企業はより単純なパターンを持っており、伝統的な FDI の 2 分類のどちらかにより当てはまるものと思われる。

　海外子会社の個票データを用いた研究としては、例えば日本企業が新興国における生産でどのようにバリューチェーンを構築しているかがある。現地での中間財調達の割合、そして日本から、第 3 国からの調達の割合の変化が焦点となる。日本企業の子会社の増加数、規模、そして販売・調達パターンのデータを用いて、アジアにおける生産ネットワークの発達を詳細に分析することが可能であろう。子会社レベルで FDI と貿易の情報を織り交ぜることで、地域全体でのバリューチェーンの構築と発展に関して有用な研究ができるだろう。

6.2　応用例

　Baldwin and Okubo（2014）が提唱した「販売・調達ボックス・ダイアグラム」は単純明快であり、研究者のみならず、学生や一般の人にも簡単に FDI を理解できるツールであるのが最大の特徴である。すでにいくつかの学術論文や一般向けの書物などで応用されている。その例をいくつか紹介する。

第5章　海外直接投資概念の再整理　　141

図5-18　『通商白書2012』による応用例：地域別

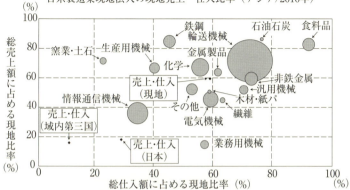

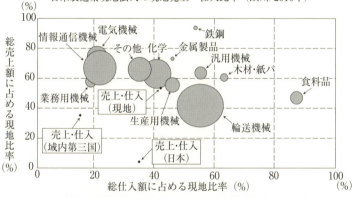

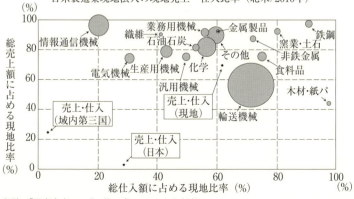

出所：『通商白書2012』、第2章、p.183より転載。

図5-19 『通商白書2012』による応用：機械産業の時系列変化

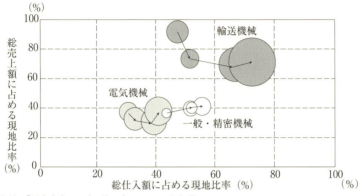

出所：『通商白書2012』、第2章、p.184 より転載。

6.2.1 『通商白書2012』

　『通商白書2012』では本章の枠組みをもとに直近の2010年の海事調査を用いてボックス・ダイアグラムを作り、図5-18のように日本のFDIの海外進出先別にアジア、北米、欧州と比べている。また、それをさらに応用し、図5-19のように1996年から2010年に至る時系列の推移を検証している。我々の分析では時系列的な推移の分析は粗かったが、『通商白書2012』は厳密に分析している。さらなる拡張として現地調達額と現地販売額の和をバブルの大きさで示している。我々は点で各産業をプロットしていたが、バブルにすることでそのFDIの規模をうまく表すことができる。また、図5-18内の黒の菱形の点は製造業全体の対現地、対日本、対域内第3国との売上・仕入比率を表している。さらに図5-19によれば、すべての機械産業では現地調達比率を時系列的に一貫して増加させている。一方で現地販売比率の推移の仕方は産業によって異なる。輸送機械や電気機械では現地販売比率は2005年まで低下し続けてきたが、2005年から2010年にかけて反転し上昇している。一方で一般機械・精密機械は一貫して上昇している。推移に違いはあるもののいずれの機械産業も我々の言うところの「ネットワークFDI」の範疇にある。

6.2.2 清田（2015）

さらに、清田（2015）ではダイアグラムのエッセンスを冒頭で説明したうえで FDI の説明を始め、学術研究を丹念にサーベイし、日本企業の FDI を詳細に解説している。その中で、「企業活動基本調査」（経済産業省）を用いて、本章で紹介したような販売・調達ボックスを作り、本章のように日本の FDI の海外進出先別にアジア、北米、欧州と比べている。さらに日本における外資企業にも応用し、「外資系企業動向調査」（経済産業省）を用いて同様のボックス・ダイアグラムを作っている。本章の結果と同様に、日本における外資企業においてもサービス産業では極端な現地販売・現地調達パターンが見られる。日本における外資系企業はサービス産業が多いこともあって、典型的な水平的 FDI が多い。また、全般的に日本における外資系企業は日本独自のビジネススタイルあるいは言語や文化の違いなどもあって、あるいは大きい市場であることもあって、他の国から調達したり、他の国へ販売することが少ないことがわかった。

7 おわりに

本章では以下の 3 つの点が明らかになった。第 1 にほとんどすべての国・産業における FDI は垂直性と水平性が混在している。多様性に富んでいるため、FDI を動機でもって分類するのは不可能に近い。第 2 に北米における子会社のアジアや欧州に比べてかなり水平的である。第 3 に、1996 年から 2005 年にかけてほぼすべての産業で垂直性が高まったということである。「ネットワーク FDI」が機械産業を中心に出現していることがわかった。

本章では子会社の販売と調達の観点で FDI を分析したところに最大の特徴がある。この分析で有用なのが「販売・調達ボックス・ダイアグラム」で、現地調達比率と現地販売比率でまとめることができる。このツールを用いて「ネットワーク FDI」という概念を示し、既存の研究で示されたフラグメンテーションや「コンプレックス FDI」など最近の FDI の動向を販売と調達を軸にコンパクトにまとめることができる。

近年、生産ネットワークが広がっており、多国籍企業の活動を特徴づける

ものになっている。25％もの日本企業の子会社は本国でもホスト国でも販売を行っておらず、28％もの中間財が本国、及びホスト国以外から調達されている。第3国からの調達の割合が多く、2桁になることは珍しくない。さらに、第3国への販売の割合はさらに大きい。これらの事実は、子会社の立地を決める際に第3国からの影響が重要になることを示している。バックワード／フォワードリンケージや隣国がFDIをするうえで重要になってくるのである。新興国におけるFDIに関する政策を策定する一助になることは間違いない。

「ネットワークFDI」から示唆される1つの重要なインプリケーションとして、「地域全体の比較優位性」がある。つまり、すでにある海外子会社が立地するホスト国自体が、FDIを通じてさらに海外進出先として魅力が一段と高まるのである。また、FDIの立地する国の隣国、第3国は販売や調達のうえで非常に重要であり、どのような国が隣国であるのかはFDIを行うにあたって非常に重要な要因となってきている（Baltagi et al., 2005; Blonigen et al., 2007; Garretsen and Peeters, 2009）。

参考文献

Alfaro, Laura and Andrew Charlton (2009) "Intra-industry Foreign Direct Investment," *American Economic Review*, American Economic Association, 99(5): 2096-2119.

Antràs Pol and C. Fritz Foley (2009) "Regional Trade Integration and Multinational Firm Strategies," NBER Working Papers, 14891, National Bureau of Economic Research.

Antràs, Pol and Stephen R. Yeaple (2013) "Multinational Firms and the Structure of International Trade," in *Handbook of International Economics*, 4.

Arnold, Jen and Beata Jovorcik (2009) "Gifted Kids or Pushy Parents? Foreign Direct Investment and Plant Productivity in Indonesia," *Journal of International Economics*, 79(1).

Athukorala, Prema-chandra and Nobuaki Yamashita (2006) "Production Fragmentation and Trade Integration: East Asia in a Global Context," *The North American Journal of Economics and Finance*, Elsevier, 17(3): 233-256.

Athukorala, Prema-chandra (2012) "Asian Trade Flows: Trends, Patterns and Prospects," *Japan and the World Economy*, 24(2): 150-162.

Baldwin, Richard (2006) "Globalisation: The Great Unbundling(s)," Chapter 1, in *Globalisation Challenges for Europe, Secretariat of the Economic Council*, Finnish Prime Minister's Office, Helsinki, 5-47.

第 5 章 海外直接投資概念の再整理 145

Baldwin, Richard and Toshihiro Okubo (2012) "New-paradigm Globalisation and Networked FDI: Evidence from Japan," Vox. EU (May 24th 2012).

Baldwin, Richard and Toshihiro Okubo (2014) "Networked FDI: Sales and Sourcing Patterns of Japanese Foreign Affiliates," *The World Economy*, 37(8): 1051-1080.

Baltagi, Badi, Peter Egger and Michael Pfaffermayr (2005) "Estimating Models of Complex FDI: Are There Third-country Effects?" Center for Policy Research working paper, 1525-3066, Syracuse University.

Bernard, Andrew, Bradford Jensen and Peter Schott (2005) "Importers, Exporters, and Multinationals: A Portrait of Firms in the U.S. that Trade Goods," Working Paper 11404 NBER, Cambridge, MA.

Blonigen, Bruce (2001) "In search of Substitution between Foreign Production and Exports," *Journal of International Economics*, 53: 81-104.

Blonigen, Bruce A. (2005) "A Review of the Empirical Literature on FDI Determinants," NBER WP, No. 11299.

Blonigen, Bruce A., Ronald B. Davies and Keith Head (2003) "Estimating the Knowledge-capital Model of the Multinational Enterprise: Comment," *American Economic Review*, 93: 980-994.

Blonigen, Bruce, Ronald Davies, Glen Waddell and Helen Naughton (2007) "FDI in Space: Spatial Autoregressive Relationships in Foreign Direct Investment," *European Economic Review*, 51(5): 1303-1325.

Borga, Maria and William Zeile (2004) "International Fragmentation of Production and The Intrafirm Trade of U.S. Multinational Companies," Washington, D.C.: U.S. Department of Commerce, Bureau of Economic Analysis, WP 2004-02.

Braconier, Henrik, Pehr-Johan Norbäck and Dieter Urban (2005) "Vertical FDI Revisited," *Review of International Economics*, 13: 770-786

Brainard, Lael (1997) "An Empirical Assessment of the Proximity-Concentration Trade-off Between Multinational Sales and Trade," *American Economic Review*, 87(4): 520-544.

Carr, David L., James R. Markusen and Keith E. Maskus (2001) "Estimating the Knowledge-capital Model of the Multinational Enterprise," *American Economic Review*, 91: 693-708.

Carvalho, Flavia, Geert Duysters and Ionara Costa (2010) "Drivers of Brazilian Foreign Investments: Technology Seeking and Technology Exploiting as Determinants of Emerging FDI," UNU-MERIT Working Paper Series, 017, United Nations University.

Clausing, Kimberley (2000) "Does Multinational Activity Displaces Trade?" *Economic Inquiry*, 38: 190-205.

Davies, Ronald (2008) "Hunting High and Low for Vertical FDI," *Review of International Economics*, 16(2): 250-267.

Driffield, Nigel and James H. Love (2003) "Foreign Direct Investment, Technology Sourcing and Reverse Spillovers," *Manchester School*, 71(6): 659-672.

Ekholm, Karolina, Rikard Forslid and James Markusen (2007) "Export-platform Foreign Direct Investment," *Journal of the European Economic Association*, 5(4): 776-795.

Feinberg, Susan and Michael Keane (2006) "Accounting for the Growth of MNC-Based Trade

Using a Structural Model of U.S. MNCs," *American Economic Review*, 96(5): 1515–1558.

Fosfuri, Andrea and Massimo Motta (1999) 'Multinationals Without Advantages,' *Scandinavian Journal of Economics*, 101: 617–630.

Garretsen, Harry and Jolanda Peeters (2009) "FDI and the Relevance of Spatial Linkages: Do Third-country Effects Matter for Dutch FDI?" *Review of World Economics*, 145(2): 319–338.

Grossman, Gene, Elhanan Helpman and Adam Szeidle (2006) "Optimal Integration Strategies for the Multinational Firm," *Journal of International Economics*, 70: 216–238.

Hanson, Gordon, Raymond Mataloni and Matthew Slaughter (2001) "Expansion Strategies of U. S. Multinational Firms," in Dani Rodrik and Susan Collins (eds.) *Brookings Trade Forum 2001*, Brookings Institution Press.

Hanson, Gordon, Raymond Mataloni and Matthew Slaughter (2005) "Vertical Production Networks in Multinational Firms," *Review of Economics and Statistics*, 87: 664–678.

Helpman, Elhanan (1984) "A Simple Theory of International Trade with Multinational Corporations," *Journal of Political Economy*, 92(3): 451–471.

Helpman, Elhanan, Marc Melitz and Stephen Yeaple (2004) "Export Versus FDI with Heterogeneous Firms," *American Economic Review*, 94(1): 300–316.

Irarrazabaly, Alfonso, Andreas Moxnes and Luca David Opromolla (2013) "The Margins of Multinational Production and the Role of Intra-firm Trade", *Journal of Political Economy*, 121(1): 74–126.

Kimura, Fukunari and Mitsuyo Ando (2005) "Two-dimensional Fragmentation in East Asia: Conceptual Framework and Empirics," *International Review of Economics and Finance*, Elsevier, 14(3): 317–348.

Lipsey, Robert and Merle Weiss (1981) "Foreign Production and Exports in Manufacturing Industries," *The Review of Economics and Statistics*, 63(4): 488–494.

Love, James H. (2003) "Technology Sourcing versus Technology Exploitation: An Analysis of US Foreign Direct Investment Flows," *Applied Economics*, 35(15): 1667–1678

Markusen, James (1984) "Multinationals, Multi-Plant Economies, and the Gains from Trade," *Journal of International Economics*, 16: 205–226.

Markusen, James R. and Keith E. Maskus (2002) "Discriminating among Alternative Theories of the Multinational Enterprise," *Review of International Economics*, 10(4): 694–707.

Melitz, Marc (2003) "The Impact of Trade on Intra-Industry Reallocations and Aggregate Industry Productivity," *Econometrica*, 71(6): 1695–1725.

Navaretti, Giorgio B. and Anthony J. Venables (2004) *Multinational Firms in the World Economy*, Princeton University Press.

Okubo, Toshihiro, Fukunari Kimura and Nozomu Teshima (2014) "Asian Fragmentation in the Global Financial Crisis", *International Review of Economics and Finance*, 31: 114–127.

Siotis, Georges (1999) "Foreign Direct Investment Strategies and Firms' Capabilities," *Journal of Economics and Management Strategy*, 8: 251–270.

Yeaple, Stephen (2003a) "The Complex Integration Strategies of Multinationals and Cross Country Dependencies in the Structure of Foreign Direct Investment," *Journal of International*

Economics, 60(2): 293-314.

Yeaple, Stephen (2003b) "The Role of Skill Endowments in the Structure of U.S. Outward Foreign Direct Investment," *Review of Economics and Statistics*, 85(3): 726-734.

清田耕造 (2015)『拡大する直接投資と日本企業』NTT 出版。

経済産業省 (2012)『通商白書 2012』。

深尾京司・天野倫文 (2004)『対日直接投資と日本経済』日本経済新聞社。

松浦寿幸 (2014)「海外直接投資の動向と理論・実証研究の最前線」KEIO-IES Discussion Paper Series 2014-002.

第Ⅲ部
生産ネットワークと経済統合

第6章
自由貿易協定の利用

早川和伸

1 はじめに[1]

　2015年4月までに、世界貿易機関（WTO）に通報された地域貿易協定（RTA）の数は、およそ600である。一方、2015年10月現在、日本では、14の経済連携協定が発効している。2002年に発効した日・シンガポール経済連携協定に始まり、東南アジア諸国連合（ASEAN）との地域経済連携協定（AJCEP）、多くのASEAN諸国との2国間経済連携協定、そして東アジア域外国との経済連携協定（チリ、スイス、インド、ペルー、オーストラリア）が発効している。そして10月5日、ついに環太平洋パートナーシップの交渉も大筋合意となった。また、日中韓自由貿易協定、日・欧州連合経済連携協定、東アジア地域包括的経済連携等、その他の重要な地域貿易協定の交渉が引き続き行われているところである。

　一般に、輸入時には、最恵国待遇（MFN）税率に相当する関税率を支払う必要があるが、RTAパートナーから輸入する際には、RTAの特恵税率を利用することが可能となる。特恵税率はMFN税率よりも低いため、企業がこの特恵税率を利用することによって、関税支払いが節約され、貿易が拡大することが期待される。すなわち、以下のようなフローが期待される。

　　　　RTA締結（①）　→　RTA特恵税率の利用（②）　→　貿易拡大（③）

---

[1]　本章を作成するにあたり、椎野幸平氏（日本貿易振興機構）及び吉見太洋氏（南山大学）から有益なコメントを頂いた。ここに記して謝意を示したい。ただし、残る誤謬の責任は筆者に帰する。

多くの学術研究が、「通常の」貿易データを用いて、RTA 締結により、貿易が拡大しているかどうかを実証分析している。すなわち、上記フローにおける、RTA 締結（①）から貿易拡大（③）への経路を直接分析している。例えば、Cipollina and Salvatici（2010）は、85 本の研究論文についてメタ解析を行い、RTA 締結がメンバー間の貿易を確かに拡大させていると結論づけた。

一方、近年では、上記フローにおける、RTA 特恵税率の利用（②）についての研究が増加している。RTA 特恵税率を利用するためには、当該輸出品が原産地規則を満たしていることが条件となる。別の言い方をすると、当該輸出品が「輸出国原産」であることが求められ、その原産性を判断するルールが原産地規則である。原産地規則を満たすことができない場合、例えば RTA メンバー国向けの輸出であっても、RTA 特恵税率を利用することができず、MFN 税率を用いた輸出となる。上述した RTA の貿易拡大効果は、MFN 税率よりも低い RTA 税率を利用することによって期待される効果である。そのため、どの程度、RTA 特恵税率が用いられているかが重要となる。近年、（少なくとも研究者が）「関税スキーム別」の貿易データを使うことができるようになった結果、実際に RTA 特恵税率を用いた貿易額を調べる研究が増加している。

本章では、RTA 特恵税率の利用について分析した近年の研究を紹介する。次節では、物品貿易に影響を与える RTA のいくつかの要素について議論する。第 3 節では、輸出企業の関税スキーム選択を理論的に考える。第 4 節では、特恵利用に関する実証分析を網羅的に整理、紹介する。最後に、第 5 節で今後の研究の方向性について述べて、本章を締めくくる。本章では、地域貿易協定、経済連携協定（EPA）、自由貿易協定（FTA）という用語を特に区別なく用いる。

2　自由貿易協定の概形

本節では、物品貿易に影響を与える RTA の要素について議論する。第 1 に、最も典型的な要素として、RTA により、特恵関税率が設定される。先

表6-1 AKFTA及びAIFTAにおけるASEAN各国の譲許状況 (%)

	AKFTA					AIFTA				
	NT	SL	HSL	EL	桁	NT	SL	HSL	EL	桁
インドネシア	87	8	4	1	10	47	40	6	7	10
カンボジア	82	8	7	3	8	84	14	0.2	2	8
ラオス	88	8	4	0	8	77	20	0	3	8
ミャンマー	85	6	6	3	8	69	15	0	17	10
マレーシア	91	6	2	1	9	78	13	1	9	9
フィリピン	92	5	1	1	8	78	7	4	12	8
タイ	94	3	2	1	9	76	12	0.3	13	8
ベトナム	85	7	4	4	8	68	7	6	19	10

注:NTはノーマル・トラック品目、SLはセンシティブ品目、HSLは高度センシティブ品目、ELは除外品目。
出所:AKFTA及びAIFTA協定書。

述したとおり、RTAパートナーに輸出する際に、MFN税率のみならず、RTA税率が利用可能になる。ただし、通常、すべての品目でRTA税率が設定されるわけではなく、またその導入のされ方も一様ではない。通常、RTA税率について規定している譲許表において、各品目は、NT、SL、HSL、ELのいずれかに分類される。NTはノーマル・トラック品目、SLはセンシティブ品目、HSLは高度センシティブ品目、ELは除外品目と呼ばれる。通常、NT品目では関税撤廃が行われ、SL品目ではかなり低い水準まで関税削減が行われ、HSL品目ではわずかに関税削減が行われ、ELは全く関税削減が行われない。

例えば表6-1は、ASEAN・韓国FTA (AKFTA) 及びASEAN・インドFTA (AIFTA) における、ASEAN各国の譲許状況を示したものである。AKFTAでは総じてNTに設定されている品目が多く、自由化率の高いFTAと言える。タイでは94%の品目がNTに設定されており、最も低いカンボジアにおいても82%の品目がNTに設定されている。一方、AIFTAでは、総じてNTに設定されている品目が少ない。特にインドネシアでは、NT品目のシェアは47%であり、同程度の品目がSLに設定されている。また、ミャンマーやベトナムではELに設定されている品目シェアも高い。AKFTAに比べると、AIFTAの自由化率は低いと言えよう。

また、各分類内において、関税削減のされ方も多様である。大別すると、

154　第Ⅲ部　生産ネットワークと経済統合

図6-1　関税削減タイプ

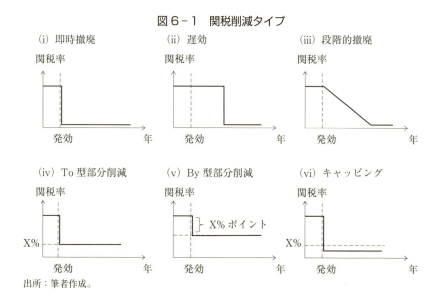

出所：筆者作成。

図6-1のように整理することができる。(i) は NT 品目の一部において設定される、即時撤廃である。(ii) は遅効型であり、RTA 発効後、数年は基準税率（通常、交渉時における MFN 税率）に据え置かれ、その後、撤廃されるタイプである。(iii) は数年かけて段階的に関税率が撤廃されるタイプである。(iv)、(v)、(vi) は部分削減が行われるタイプであり、それぞれ削減のされ方が異なる。(iv) は、「ある一定水準に」関税率が引き下げられるタイプであり、(v) は、「ある一定水準だけ」関税率が引き下げられるタイプであり、(vi) は「ある一定水準以下に」関税率が引き下げられるタイプである。実際には、これらのうちいくつかの組み合わせになっているケースもあり、例えば、「10 年後に 5％ に引き下げる」は、(ii) と (iv) の組み合わせとなる。

　実際に、AJCEP におけるタイの関税削減タイプを示したものが表6-2である。すでに MFN 税率がゼロの品目（無税）と即時撤廃品目を合わせると、AJCEP の発効後、直ちに全品目のうち半分近くの品目で関税率がゼロになることがわかる。一方、それ以外の品目では、段階的撤廃に分類されているものが多い。特に、4 年かけて撤廃される品目が、全体のおよそ 20％ を占

表6-2 タイのAJCEPにおける関税削減タイプ

	製品数	シェア(%)
無税	1,619	19.5
即時撤廃	2,184	26.3
遅効	384	4.6
5年	3	0.0
6年	16	0.2
9年	320	3.9
10年	45	0.5
段階的撤廃	3,590	43.26
1年	189	2.3
2年	873	10.5
3年	27	0.3
4年	1,611	19.4
5年	20	0.2
6年	116	1.4
7年	415	5.0
9年	339	4.1
To型部分削減	84	1.0
除外	439	5.3

出所：AJCEP協定書。

める。また、AJCEPではBy型部分削減やキャッピングに分類されるケースがないことがわかる。By型部分削減のタイプはAIFTAにおいて見られ、一方キャッピングのタイプはAKFTAやASEAN・中国FTA（ACFTA）で見られる。

　結果として、遅効や段階的撤廃のタイプの存在により、全体としてRTA税率の低下は徐々に進んでいくことになる。例えば、図6-2では、タイに輸出する際の、ACFTA、AIFTA、AJCEP、AKFTAにおける特恵マージンの平均値（全品目）の推移を示したものである。特恵マージンとは、MFN税率とRTA税率の差であり、RTAによる関税上のメリットを示している。図6-2では、2011年におけるMFN税率との差を調べている。例えば、AIFTAは、発効翌年である2011年時点では4％弱と、特恵マージンはわずかであるが、年々上昇し、2016年には8％を超える。AJCEPにおいても同様に、2011年には7％弱であるが、2018年には10％弱まで上昇する。一方、AKFTAは発効翌年である2011年から大きな特恵マージンが得られる。

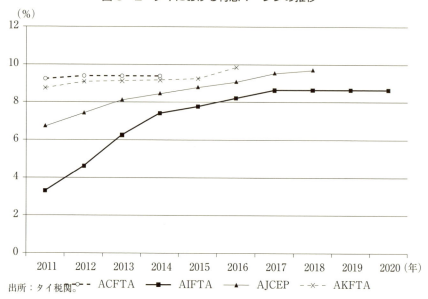

図6-2 タイにおける特恵マージンの推移

出所：タイ税関。 ―○― ACFTA ―■― AIFTA ―▲― AJCEP ―×― AKFTA

　もう1つ重要な要素は、原産地規則である。前節で述べたように、RTA税率の利用は、当該輸出品が原産地規則を満たしていることが条件となる。通常、原産地規則は品目ごとに決められており、いくつかの規則のうち、いずれかに分類される。完全生産品（WO）とは、輸出国内で完全に生産された製品である。非完全生産品の場合、実質変更基準を満たす必要がある。これには、大別して、関税番号変更基準（CTC）、付加価値基準（RVC）、加工工程基準（SP）がある。またこれらの併用型、もしくは選択型がある。CTCは、当該輸出品の関税番号が、当該輸出品を生産するために投入された非原産材料の関税番号と異なることを要求する。この際に、2桁レベルの番号変更を求めるもの（CC）、4桁レベルの番号変更を求めるもの（CH）、6桁レベルの番号変更を求めるもの（CS）などがある。RVCは、当該輸出品を構成する付加価値のうち、一定割合以上を輸出国で付与されていることを要求する。SPは、特定の生産・加工工程を輸出国で行うことを要求するものである。

表6-3 プラス・ワン諸国における原産地規則の分布（2011年、HS6桁レベル）

	AANZFTA	ACFTA	AIFTA	AJCEP	AKFTA
CC	122	1		508	2
CC&RVC					2
CC&SP	27			363	
CC/(RVC&SP)	65				
CC/RVC	308	7		15	441
CC/RVC/SP	14				
CC/SP	12			43	
CH	111			81	1
CH&RVC					4
CH&SP				84	
CH/(CS&RVC)/RVC	96				
CH/(RVC&SP)	6				
CH/RVC	1,292	114		958	2,989
CH/RVC/SP					21
CH/SP	78			180	
CS				2	
CS&RVC			4,191		
CS/RVC	345			8	58
RVC	49	3,959		25	52
RVC/SP		392			
SP/WO	6				
WO	28	8		1	294
無税	2,320	322	137	2,578	729
除外	173	249	724	206	459
総数	5,052	5,052	5,052	5,052	5,052

注：AANZFTA ではオーストラリアにおける分布を示している。「無税」は HS6 桁内のすべての商品において、MFN 税率がゼロの品目、「除外」は 2011 年時点において、HS6 桁内のすべての商品で MFN 税率よりも低い特恵税率が設定されていない品目である。
出所：各協定書。

　表6-3では、ASEAN＋1 FTA において、プラス・ワン諸国に対して輸出する際に求められる原産地規則の分布を示している。ASEAN・オーストラリア・ニュージーランド FTA（AANZFTA）では、オーストラリアに輸出する際の原産地規則を示している。この表から、まず AANZFTA では「関税番号変更基準もしくは付加価値基準」（CC/RVC、CH/RVC、CS/RVC）が主な原産地規則であることがわかる。ACFTA では、ほとんどすべての製品で「付加価値基準」（RVC）が求められるが、一部の製品で「付加価値基準もしく

は加工工程基準」(RVC/SP) が求められている。AIFTA では製品別の原産地規則が設定されておらず、すべての製品で「6 桁関税番号変更基準かつ付加価値基準」(CS&RVC) という厳しい基準が設定されている。AJCEP では、「4 桁関税番号変更基準もしくは付加価値基準」(CH/RVC)、「2 桁関税番号変更基準」(CC) が多い。最後に、AKFTA においても CH/RVC が大多数を占めるが、それ以外では「2 桁関税番号変更基準もしくは付加価値基準」(CC/RVC) が多い。

各 RTA では、この原産地規則に対して、いくつかの救済措置が規定されている。付加価値基準におけるロールアップ規定、トレーシング規定、関税番号変更基準における僅少の非原産材料規定 (De Minimis) などが挙げられる。例えば、僅少の非原産材料規定とは、非原産材料の価格割合もしくは従量割合が一定以下であれば、原産地規則の判定から除外できるという規定である。救済措置のうち、重要な規定として、累積規定が挙げられる。累積規定にはさまざまなタイプがあるが、概して、その他の RTA メンバー国の原産材料を、輸出国の原産材料としてみなす、という規定である。例えば、タイから日本へ輸出する際に、JTEPA の利用を考えているとすると、日本から JTEPA スキームで輸入された材料は、タイの原産資格を有する。さらに、タイから日本へ輸出する際に、AJCEP の利用を考えると、マレーシアから AJCEP スキームで輸入された材料も、タイの原産資格を有することになる。したがって、RTA メンバー諸国間で生産ネットワークが形成されている場合、原産地規則をより満たしやすくなる。

3 関税スキーム選択

本節では、輸出企業の関税スキーム選択を理論的に考える。そして、しばしば実証的に分析されることの多い、特恵利用率について議論する。ここでは、Demidova and Krishna (2008) のモデルを参考にしている。

3.1 基本設定

ある国における代表的家計の消費を考える。この家計は、差別化されたバ

ラエティに関して、以下のような代替の弾力性一定（CES）の効用関数を持つとする。

$$U = \left(\sum_{j \in R} \int_{v \in \Omega} q_j(v)^\rho \, dv \right)^{\frac{1}{\rho}} \quad (1)$$

ただし、$0 < \rho < 1$ であり、$\sigma \equiv 1/(1-\rho)$ はバラエティ間の代替の弾力性である。$q_j(v)$ は、j 国で生産されたバラエティ v の需要量である。R は国の集合、Ω は消費可能なバラエティの集合である。このとき、効用最大化問題を解くと、j 国で生産されたバラエティ v に対する需要量は以下のように求められる。

$$q_j(v) = A p_j(v)^{-\sigma} \quad (2)$$

ただし、$p_j(v)$ は j 国で生産されたバラエティ v の価格である。また、$A \equiv E(P)^{\sigma-1}$ であり、E は総支出額である。企業レベルでは、A は外生と仮定する。P は価格指数であり、以下のように求められる。

$$P = \left(\sum_{j \in R} \int_{v \in \Omega} [p_j(v)]^{\frac{\rho}{\rho-1}} dv \right)^{\frac{\rho-1}{\rho}}$$

ここでは、氷塊型の一般関税率（MFN 税率）$t\,(>1)$ の存在を仮定する。今、j 国との間で RTA が発効し、j 国の企業は当該国に対する輸出に際して、特恵税率を使うか、一般関税率を使うかを選択できるようになったとする。単純化のために、特恵税率はゼロ（$t^{FTA} = 1$）とする。したがって、一般関税率の大きさが特恵マージンの大きさと一致する。ただし、特恵税率を利用するためには原産地規則を満たさなければならず、このために調達先調整コストがかかるとする。Demidova and Krishna（2008）に倣い、これを追加的な可変費用 $\theta > 1$ とする。加えて、特恵税率の利用には、固定費用として、f の労働投入が必要と仮定する。実際、特恵税率を利用する際には、輸出企業が原産地証明書を入手する必要があり、そのためにさまざまな書類（総部品表、製造工程フロー図、生産指図書、製品在庫記録、帳簿、伝票、インボイス、契約書、請求書、支払記録書など）を準備する必要がある。そして商工会議所等、

自国の原産地証明書発給機関から証明を受けた後（自己証明制度の場合を除く）、それを輸入企業に送り、輸入企業は通関時に当局に当該証明書を提出することで、特恵税率を利用できるようになる。こうした輸出企業の一連の事務コストを f の労働投入とする。

j 国には、連続的に存在する生産者母集団、N_j が存在し、これを所与とする。各企業は独占的競争に直面しており、また異なった生産性を有する。生産性はパレート分布に従い、$\varphi \in [1,\infty)$ であると仮定する。累積分布関数は、$G(\varphi) = 1 - \varphi^{-\beta}$ と表される。ただし、$\beta > \sigma$ を仮定する。生産性 φ を持つ企業における単位当たり労働投入は、φ の逆数とする。単純化のために、生産活動、輸出活動に対して固定費用はかからないとする。したがって、すべての企業が当該国に輸出を行う。結果として、j 国のある企業がRTAパートナー国に輸出するために q 単位生産したときの費用は、以下のように表される。

$$C^{MFN}(\varphi, q_j) = \left(\frac{w_j t}{\varphi}\right) q_j \tag{3}$$

$$C^{RTA}(\varphi, q_j) = \left(\frac{w_j \theta}{\varphi}\right) q_j + w_j f \tag{4}$$

ただし、w は外生的に与えられる賃金水準を表している。C^{MFN} は一般税率を利用した際の費用、C^{RTA} は特恵税率を利用した際の費用である。それぞれのケースにおける輸出価格は、$w_j t/(\rho\varphi)$ 及び、$w_j \theta/(\rho\varphi)$ となるため、利潤関数は以下のように求められる。

$$\pi^{MFN}(\varphi) = kA \, (w_j t)^{1-\sigma} \varphi^{\sigma-1} \tag{5}$$

$$\pi^{RTA}(\varphi) = kA \, (w_j \theta)^{1-\sigma} \varphi^{\sigma-1} - w_j f \tag{6}$$

ただし、$k \equiv (1-\rho)\rho^{\sigma-1}$ である。

図6-3 関税スキーム選択

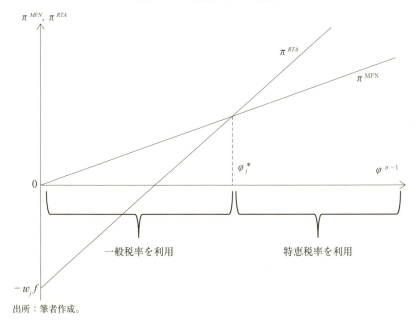

出所：筆者作成。

3.2 関税スキーム選択と特恵利用率

　一般税率を利用したときの利潤と特恵税率を利用したときの利潤が等しくなる生産性を、カットオフ生産性と呼ぶこととし、j 国から当該国に輸出する際のカットオフ生産性を φ_j^* と表す。もし $t < \theta$ ならば、いかなる企業も特恵税率を利用しないため、ここでは $t \geq \theta$ を仮定する。すなわち、調達先調整コストは MFN 税率よりも低い。カットオフ生産性は、次のように導出できる。

$$\varphi_j^* = \left\{ \frac{w_j^\sigma f}{kA\,(\theta^{1-\sigma} - t^{1-\sigma})} \right\}^{\frac{1}{\sigma-1}} \tag{7}$$

　つまり、カットオフ生産性は輸入国需要規模 A、輸出国賃金 w、特恵利用のための固定費用パラメータ f、一般税率 t に依存する。$\varphi^{\sigma-1}$ を横軸とし、利潤直線を描いたのが図6-3である。この図からも、カットオフ生産性以

下の生産性を持つ企業は一般税率を、それ以上の生産性を持つ企業は特恵税率を選択することがわかる。また、以下を容易に示すことができる（以下、詳しい導出は補論を見よ）。

$$\frac{\partial \varphi_j^*}{\partial A} < 0, \frac{\partial \varphi_j^*}{\partial w_j} > 0, \frac{\partial \varphi_j^*}{\partial f} > 0, \frac{\partial \varphi_j^*}{\partial \theta} > 0, \frac{\partial \varphi_j^*}{\partial t} < 0 \qquad (8)$$

つまり、輸入国の需要規模が大きいほど、輸出国の賃金が低いほど、特恵税率利用の固定費用が低いほど、調達先調整コストが低いほど、一般税率が高いほど、より生産性の低い企業でも特恵税率を利用することになる。

次に、特恵利用率を調べる。X_j^M を j 国からの関税スキーム M による総輸入額とする。このとき、j 国からの特恵利用率は以下のように求められる。

$$u_j \equiv \frac{X_j^{RTA}}{X_j^{MFN} + X_j^{RTA}} = \frac{1}{1 + t^{1-\sigma} \theta^{\sigma-1} \left((\varphi_j^*)^{1-\sigma+\beta} - 1 \right)} \qquad (9)$$

一般税率、調達先調整コストと異なり、賃金、需要規模、固定費用が直接特恵利用率に影響を与えていないことに注意すべきである。これらは、カットオフ生産性を通じて影響を与えている。つまり、これらは特恵利用率の外延（特恵税率の利用企業数の変化による影響）に影響を与えている一方、内延（一般税率及び特恵税率を利用している企業当たり輸出額の変化による影響）には影響を与えていない。この違いは次の理由による。需要規模と賃金の変化は、一般税率を用いる企業の輸出額と特恵税率を用いる企業の輸出額を同じ比率で変化させるため、一般税率による輸出額と特恵税率による輸出額の比率を考えると相殺される。固定費用は (2) のとおり、そもそも企業当たりの輸出額には影響を与えない。一方で、一般税率は一般税率を用いている企業のみの輸出額、調達先調整コストは特恵税率を用いている企業のみの輸出額に影響を与えるため、内延にも影響を与えることになる。

最後に、各要素が特恵利用率に与える影響を考える。(9)式から、容易に以下が示せる。

$$\frac{\partial u_j}{\partial A} > 0, \frac{\partial u_j}{\partial w_j} < 0, \frac{\partial u_j}{\partial f} < 0, \frac{\partial u_j}{\partial \theta} < 0, \frac{\partial u_j}{\partial t} > 0 \qquad (10)$$

上述したとおり、賃金、需要規模、固定費用は外延を通じてのみ影響を与えるため、賃金の上昇、需要規模の縮小、特恵利用の固定費用の増加はカットオフ生産性を上げ、特恵税率利用企業が減少し、特恵利用率は低下する。一方で、一般税率及び調達先調整コストは外延のみならず、内延を通じても影響を与える。影響の方向は外延、内延ともに共通であり、一般税率の上昇は特恵税率の利用企業数を増加させるとともに、また一般税率の利用企業の企業当たり輸出額を低下させ、結果として特恵利用率を上昇させる。また調達先調整コストの低下は特恵税率の利用企業数を増加させるとともに、特恵税率の利用企業の企業当たり輸出額を上昇させ、結果として特恵利用率を上昇させる。

4　実証研究の整理

本節では、特恵利用に関する実証分析を網羅的に整理、紹介する。まず、実際にどの程度、特恵税率を用いた貿易が行われているのかを概観し、その後、特恵利用に影響を与える要因を実証的に分析している研究をいくつか紹介する。

4.1　特恵利用状況

本小節では、実際にどの程度、特恵税率を用いた貿易が行われているのかを概観する。特に、2014年、日本の輸入における、EPAスキームの利用度を検証する。データは、財務省の貿易統計から入手する。EPAスキームではない、通常の輸入総額についても、財務省貿易統計から入手する。また、輸入額を集計する際に、日本の各種関税率を利用するが、関税率のデータは世界貿易機関（WTO）による「Tariff Analysis Online（TAO）」から入手した。EPAスキームを用いた輸入を「EPA輸入」、EPA特恵税率を「EPA税率」と呼ぶことにする。

表6-4 日本におけるEPA利用額（2014年）

	(A) 総輸入額 (10億円)	(B) 無税輸入 シェア(%)	(C) EPA輸入額 (10億円)	(D)=(C)/(A) EPA輸入 シェア(%)	(E) 純EPA輸入 シェア(%)
AJCEP及び2国間EPA					
シンガポール	730	86	47	6	64
タイ	2,266	69	624	28	91
フィリピン	1,036	73	235	23	92
ブルネイ	424	100	0.11	0.03	100
ベトナム	1,617	58	484	30	73
マレーシア	2,980	80	300	10	51
AJCEP及びLDC適用国					
カンボジア	81	7	11	13	17
ミャンマー	91	9	3.3	4	4.0
ラオス	12	50	0.9	8	22
2国間EPA					
インド	737	75	156	21	81
インドネシア	2,703	81	341	13	89
スイス	761	93	48	6	74
チリ	860	76	185	22	90
ペルー	186	90	13	7	85
メキシコ	450	71	105	23	88

注：無税輸入シェアは、MFN税率がゼロの品目における輸入額を、総輸入額で割ったものである。純EPA輸入シェアは、MFN税率よりも低いEPA税率を持つ品目に限定して計算されたEPA輸入シェアである。「MFN税率よりも低いEPA税率を持つ」とは、「MFN税率、EPA税率がともに従価税で、両者のうちEPA税率の方が低い」、もしくは「MFN税率が従量税で、EPA税率が従価税である」ことを意味する。
出所：財務省貿易統計及びTAOデータ・ベースを用いて筆者らが計算。

　表6-4では、輸出国別に日本の各種輸入額の集計値、シェアを報告している。(A)列が総輸入額を示しており、(B)列は総輸入総額に占めるMFN税率がゼロの品目における輸入額（無税輸入額）のシェアを示している。カンボジアやミャンマーでは無税輸入シェアは10%以下であるが、それ以外の国々では総じて同シェアが高い。すなわち、全体に対するシェアで見ると、ほとんどのEPAパートナー国からの輸入が、EPAの有無にかかわらず、すでに無税で行われている。(C)列は、EPA輸入額を示しており、これを(A)列の総輸入額で割った「EPA輸入シェア」が(D)列に示されている。本指標は、国レベルで計算された特恵利用率と言える。一部のASEAN諸国（ブ

ルネイ、マレーシア、フィリピン、シンガポール、タイ、ベトナム）では、2国間EPAのみならず、AJCEPも利用可能であるが、これらを区別せず、合計値を報告している。EPA輸入シェアは総じて低い値を示しているが、（B）列の無税輸入シェアが7割前後であった国で、2割前後を示している。このことは、MFNベースで無税となっていない品目で、EPA輸入が行われていることを示唆している。ただし、カンボジア、ラオス、ミャンマーでは、無税輸入シェアとEPA輸入シェアのいずれも低い。これらの国は、EPAパートナー国の中で、唯一、後発開発途上国向けの特恵税率（LDC特恵税率）が利用可能な国である（以下、「LDC3カ国」と呼ぶ）。そのため、これらの国からはMFNベースで無税でない品目において、LDC特恵税率を利用した輸入が多いことが推察される。

　（E）列では、MFN税率より低いEPA税率が利用可能な品目に絞ったうえで、EPA輸入シェア（「純EPA輸入シェア」と呼ぶ）を計算している。この指標もまた、国レベルで計算された純特恵利用率と呼ぶことができる。本章では、「MFN税率よりも低いEPA税率を持つ」とは、「MFN税率、EPA税率がともに従価税で、両者のうちEPA税率の方が低い」、もしくは「MFN税率が従量税で、EPA税率が従価税である」ことを指す。両税率が従量税の場合は、識別が困難なため、分析対象外とする。後述するように、両税率が同じであっても、EPA税率を利用するインセンティブがある。しかしながら、より低いEPA税率が利用可能な品目ほど、EPA税率を利用するインセンティブが高いであろう。ほぼすべての国において、EPA輸入シェアよりも高い値になっており、より低いEPA税率が利用可能な品目ほど、EPA税率を利用するインセンティブが高いことを示唆している。特に、LDC3カ国を除けば、おおむね8割前後の高いシェアを示している。LDC3カ国でのシェアがそれほど大きくないのは、先述したとおり、これらの国ではEPA税率よりも、LDC特恵税率を利用した輸入が多いからであろう。

　次に、表6−5では、2013年における、AJCEPの利用状況を調べている。特に、日本の輸入時のみならず、タイの輸出入時の利用額も合わせて調べることで、累積規定の利用状況を推察する。タイにおける輸入時のAJCEP利用額はタイ税関から、輸出時の利用額は商務省から入手した。輸出時の利用

表6-5　2013年におけるAJCEP利用額

(1,000 ドル)

	タイ		日本
	輸出額	輸入額	輸入額
ブルネイ	39	0	0
カンボジア	13	0	43,309
ラオス	523	57	9,869
ミャンマー	0	0	10,862
マレーシア	77	1,145	890,880
フィリピン	66	0	12,820
シンガポール	8,464	90	107,489
ベトナム	58,528	28	3,066,441
タイ			90,137
日本	97,659	154,753	

出所：「財務省貿易統計」（日本）及び「商務省統計」（タイ）。

額は、いわゆる原産地証明書に基づく統計である。後に述べるように、輸出国側で原産地証明書が発給されても、輸入通関時に特恵利用が認められないことがあるため、原産地証明書から把握できる輸出がすべて特恵輸出となるとは限らないことに注意すべきである。実際、タイの日本への輸出額が、日本のタイからの輸入額よりも大きく、一部の原産地証明書は利用されなかったことを示唆している。

　表からわかることは以下のとおりである。まず、日本では、ベトナムからの輸入時にAJCEPが利用されることが多い。次にマレーシア、シンガポールが続く。一方、タイでは、多くのベトナム向け輸出においてAJCEPが利用されており、またシンガポール向け輸出でも利用されている。また、輸入時では、マレーシアからの輸入においてAJCEPが利用されている。以上のことから、タイ→ベトナム→日本、もしくは、マレーシア→タイ→日本といった多国間の分業が示唆される。実際、データを製品レベルで細かく見ると、タイから「浸染した綿織物」がベトナムに輸出され、それをもとに生産された「トイレットリネン及びキッチンリネン」が日本に輸出されている状況がわかる。

4.2 特恵利用に与える影響に関する実証研究

本小節では、特恵利用に影響を与える要因を実証的に分析している研究をいくつか紹介する。まず、第2節で議論したように、特恵マージン、原産地規則、企業規模の影響を分析した研究を紹介し、次に、特恵利用のための固定費用を計測している研究を紹介する。そして、第2節では取り上げていない、その他の要因について分析している研究を紹介し、最後にスパゲティ・ボウル現象に関する分析を紹介する。

4.2.1 特恵マージン、原産地規則、企業規模の影響

特恵利用率の決定要因を分析している研究は多い。例えば、Bureau et al. (2007) や Hakobyan (2015) は、欧州連合や米国における、一般特恵関税輸入を調べている。また、François et al. (2006) や Manchin (2006) は、欧州連合における、コトヌー協定のもとでの特恵輸入を調べている。Cadot et al. (2006) は、米国における北米自由貿易協定（NAFTA）のもとでの特恵輸入などを調べている。Keck and Lendle (2012) は、欧州連合、米国、カナダ、オーストラリアにおける特恵輸入を包括的に分析している。Hayakawa et al. (2014, 2015a) は、韓国における、ASEAN・韓国 FTA（AKFTA）のもとでの輸入について調べている。Chang and Hayakawa (2014) は、台湾から中国に対する両岸経済協力枠組協議（通称、ECFA）のもとでの輸出を、Hayakawa (2014) ではタイから日本に輸出する際の特恵利用率を、Hayakawa et al. (2015b) ではタイから中国及び韓国に輸出する際の特恵利用率を調べている。

こうした製品レベルの特恵貿易額を用いた研究では、特恵マージン、原産地規則、貿易規模の影響が分析されている。そして、第3節で予測されているように、特恵マージンが大きいほど特恵利用率も高いことが示されている。また、Cadot et al. (2006) や Hayakawa et al. (2014) などでは、Estevadeordal (2000) によって提唱されたように、一般的な厳しさに応じて各原産地規則にスコアを付け、そのスコアが大きい、すなわちより原産地規則が厳しいほど、特恵利用率が低いことを示している。製品レベルの研究では、関税スキームに依らない平均貿易額であったり、その月次平均額（Hayakawa, 2014)、港別平均額（Keck and Lendle, 2012）、企業別平均額（Hayakawa et al., 2014) を

用いて、それらが大きいほど、特恵利用率が高いことを示している。

　企業サーベイによるデータを用いて、企業特性と当該企業の特恵利用を直接分析している研究もある。Takahashi and Urata（2010）は、経済産業研究所と日本商工会議所の共同サーベイの結果を用いており、東京、名古屋、大阪、京都、神戸で操業を行っている企業を分析対象としている。また、Hayakawa et al.（2013a）や Hayakawa（2015a）では、日本貿易振興機構（JETRO）により毎年行われている「在アジア・オセアニア日系企業実態調査」を用いており、在 ASEAN の日系現地法人を分析対象としている。いずれの研究においても、企業の生産性の役割を分析することはできておらず、代わりに雇用で測った企業規模の役割を分析している。結果として、規模の大きい企業ほど、輸出時に特恵スキームを用いていることが示されている。

　また、Hayakawa（2014）では、第 2 節で取り上げた多国間累積の貿易創出効果を計測している。彼は、分析対象をタイから日本への輸出としているが、このフローにおいては、2 国間 EPA（JTEPA）のみならず、多国間 EPA（AJCEP）も利用可能である。そのため、輸出企業は、一段階目で MFN 税率を使うか EPA 税率を使うか、そして EPA 税率を使うならば、二段階目で AJCEP 税率を使うか 2 国間 EPA 税率を使うかを決めていると想定している。そして、二段階目の選択において、特恵マージン、原産地規則、貿易規模をコントロールしてもなお残る、JTEPA に比べた AJCEP の利用率の高さを、多国間累積による効果とみなし、その大きさを計測している。結果として、多国間累積は、4% 程度の追加的な貿易創出効果をもたらしていることを示している。

4.2.2　特恵利用のための固定費用の計測

　第 3 節で、特恵利用のための固定費用が重要な役割を果たすことを示した。ここでは、実際にこの固定費用がどの程度の大きさなのかを計測している研究について紹介する。固定費用の計測は、2 つのアプローチを用いて行われている。第 1 のアプローチは、特恵マージンと特恵利用率の関係を調べ、両者の間の正の関係が、有意に変化するポイントを探る、という方法である。固定費用の存在により、平均的には、特恵マージンが非常に小さい場合、特

恵スキームは用いられないであろう。一方、特恵マージンがある一定の大きさを超えると、劇的に特恵スキームの利用が増加すると考えられる。その特恵マージンの大きさが、固定費用の関税等価率を示しているとして、特恵マージンと特恵利用率の関係を調べている。例えば、いくつかの研究を整理した Cadot and de Melo（2007）は、その大きさを3-5％と結論づけた。コトヌー協定における特恵利用率を閾値回帰分析（threshold regression）を用いて分析した François et al.（2006）は、4％程度の大きさを示した。特恵利用に関する統計はすべての国で利用可能なわけではない。そのため、Hayakawa（2011）は、通常の貿易データを用いて、世界大でグラビティ方程式を推定し、貿易創出効果と特恵マージンの関係を調べた。結果として、3％程度の大きさを示した。このように、第1のアプローチでは、固定費用の関税等価率は3-5％程度であることが示されている。

　第2のアプローチでは、前節のような理論モデルを想定し、そのモデルから得られる固定費用に関する構造方程式を推定している。Cherkashin et al.（2015）は、前節のモデルよりも現実的な設定を多く取り込み、バングラデシュから欧米への一般特恵制度による輸出に関するデータを用いて、その理論モデルを構造的に推定している。その結果、おおよそ4,000ドル程度と推定されている。また、Ulloa and Wagner（2013）は、前節のような理論モデルを想定し、特恵利用のための固定費用は、カットオフ生産性企業による輸出額に特恵マージンを掛けたものと一致することを示し、この関係式をもとに、チリからアメリカへの特恵輸出にかかる固定費用を計算している。この方法のポイントは、いかにカットオフ生産性企業による輸出額を得るかである。企業レベル輸出額の累積分布を推定し、これと特恵利用率を用いることで、カットオフ生産性企業による輸出額を計算している。結果として、RTA発効年では3,000ドル程度であるが（第3四分位）、その1、2年後には大きく低下することを示した。一方、Hayakawa et al.（2015b）では、このカットオフ生産性企業による輸出額は、輸入国における企業レベル特恵輸入額の最小値、もしくは企業レベルMFN輸入額の最大値で近似できるとした。タイの中国及び韓国からの企業レベル輸入データを用いて、ACFTAにおける固定費用が2,000ドル程度、AKFTAにおける固定費用が1,000ドル程度であ

ることを示した（中央値）。このように、第2のアプローチでは、特恵利用のための固定費用は数千ドルであることが示されている。

4.2.3 特恵利用率に影響を与える、その他の要因

前節の簡易な理論モデルでは取り込まれていないが、そのほかにもさまざまな要素が特恵利用に影響を与える。第1に、為替レートが挙げられる。為替レートはさまざまなルートを通じて特恵利用率に影響を与える。例えば、通常の貿易のように、為替のパス・スルーなどを通じて、すなわち貿易価格への転嫁を通じて、貿易額は変化する。この変化を通じて、これまで特恵利用のための固定費用をカバーするだけの利潤を得られなかった企業が、特恵税率利用に転じるかもしれない。より興味深いルートは、原産地規則を通じたルートであろう。原産地規則として付加価値基準が設定されている場合、為替レートの変化によって、非原産の輸入中間財価格が変化し、これまでは満たすことができた付加価値基準を満たすことができなくなるかもしれない。また、関税番号変更基準の場合も、僅少の非原産材料規定を利用しているならば、同様の影響を受けるかもしれない。このように、為替レートは特恵利用率に対して影響を及ぼす。実際、Hayakawa et al. (2015a) は、ASEAN 諸国の韓国向け輸出を分析し、輸出国通貨が輸入国通貨に対して増価した場合、特恵利用率が低下することを示している。

第2に、関税番号の問題が挙げられる。例えば、日本の多くの EPA が 2000 年代前半から半ばの間に交渉されたが、そこで決められた原産地規則は HS2002 年版で協定書に掲載されている。一方で、現在では、輸出時に記載する関税番号は HS2012 年版となる。つまり、自身が輸出する製品の関税番号を遡及して調べる必要がある。その際に、誤った関税番号で原産地規則を特定してしまうと、本来満たさなければならない原産地規則と異なった規則を順守する可能性がある。この場合、たとえ原産地証明書を取得できたとしても、輸入国の通関時に特恵スキームによる輸入が認められない事態になる。また、そもそも輸入国における関税番号の構造が複雑であると、輸出企業は自身の商品の関税番号を誤って特定してしまう可能性もある。誤った関税番号が付された原産地証明書では、当然、輸入通関時に特恵スキームの利用は

認められない。

　この関税番号に関する影響を調べるために、Hayakawa et al. (2013b) は、タイから韓国に輸出する際の AKFTA による特恵輸出額を調べている。この研究は特に、韓国の税関統計、すなわち韓国のタイからの AKFTA による特恵輸入額に関する統計も同時に用いて、タイから韓国への特恵輸出に関する輸出国側統計（すなわち原産地証明書に基づいた統計）と輸入国側統計（すなわち税関統計）の乖離について分析している。HS2002 年版と HS2007 年版の HS6 桁レベルでの対応において、一対一の対応が可能な品目ほど乖離が小さいか、また HS6 桁番号内において韓国の関税番号数が多い品目ほど、すなわち関税番号の構造が複雑なほど、乖離が大きいかを調べている。結果として、前者では有意な違いが見られなかったが、後者では確かに有意な乖離の違いが検出された。前者の結果の 1 つの原因として、タイ政府が AKFTA における原産地規則を新しい関税番号のバージョンで更新し、官報を通じて公表していることが挙げられる。また、後者の問題は、事前教示制度の利用により、そのリスクを下げることができるであろう。

4.2.4　スパゲティ・ボウル現象に関する分析

　上述のように、東アジアでは、多くの RTA が発効している。さらに、ある同一の国に輸出する際に、複数の RTA が利用可能なことも多い。特に ASEAN 諸国内の取引では、6 つの RTA スキームが利用可能である（ATIGA 及び 5 つの ASEAN＋1 FTA）。こうした状況は、Bhagwati et al. (1998) が述べたような、いわゆるスパゲティ・ボウル現象と言えるかもしれない。この現象に関する定義、またそれがもたらす弊害の定義はさまざまであるが、少なくとも起こりうる事態として、RTA スキーム数が増えるにしたがって、RTA 1 つ当たりの限界便益が低下することが挙げられる。この 1 つの重要な要因として、同一商品を複数の国に輸出する際に、各国に対して異なった RTA を同時に利用しようとする場合、ある RTA における原産地規則を満たすことによって、他の RTA における原産地規則を満たせなくなるかもしれないことが挙げられる。

　この結果起こる、1 つの企業行動は、複数の RTA を同時に利用しようと

する場合、輸出国における付加価値を高めることである。累積規定の有無にかかわらず、いかなる RTA においても原産扱いになる投入品が、輸出国で生産された部材である。そのため、複数の RTA を同時に利用している企業ほど、現地調達率を上げていることが期待される。実際、Hayakawa（2014）は、在 ASEAN の日系企業の RTA 利用状況を調べており、複数の RTA を同時に利用している企業ほど、現地調達率が高いことを示している。例えば、3つ以上の RTA を同時に利用している企業は、RTA を利用していない企業に比べ、6％程度現地調達率が高い。また、7つ以上の RTA を利用している企業は、20％から30％も現地調達率が高い。しかしながら、必ずしも現地調達が最適調達先とは限らない。もし複数の RTA の原産地規則を同時に満たすために、過度に現地調達を増やし、調達コストが上昇しているならば、RTA を利用することによって得られる便益は一部相殺されているであろう。

　複数 RTA の利用における、上記のような原産地規則の問題を回避するには、RTA 間で原産地規則を共通化することが重要である。例えば、表6-3に示されたように、ASENA＋1の RTA においても原産地規則は RTA 間で異なる。一般ルールを見ても、AANZFTA、AJCEP、AKFTA では CH/RVC であるが、ACFTA では RVC、AIFTA では CS&RVC である。ここで、タイから韓国及び中国に RTA スキームを用いて輸出する状況を考えてみよう。AKFTA における原産地規則が RVC で、ACFTA における原産地規則が CTC であるとする。もし基幹部品を日本から調達しており、輸出品付加価値の大部分を占めるならば、AKFTA における原産地規則は満たせない。ただし、関税番号上、当該部品から輸出品に対して、十分な変更が行われているならば、ACFTA における原産地規則は満たせるかもしれない。この場合、もし AKFTA における原産地規則も CTC であれば、日本からの部材という非原産材料を用いているにもかかわらず、AKFTA、ACFTA のいずれの原産地規則も満たすことができよう。

　ただし、共通化する原産地規則のタイプも重要である。先の例でも、AKFTA と ACFTA の原産地規則が RVC に共通化されるならば、ACFTA における原産地規則は満たすことができない。Hayakawa and Laksanapanyakul（2015）では、タイからの中国もしくは韓国へ輸出する際の RTA の利用状況

を製品レベルで分析している。そして、例えば、ACFTAの原産地規則が、その他のASEAN+1 FTAの原産地規則と共通でない製品では、ACFTAの利用率が低いことを示している。一方、ACFTAの原産地規則が共通であっても、それがCTCもしくはCTC/RVCで共通化されていない限り、そうした負の効果が存在することを示している。逆に言うと、CTCもしくはCTC/RVCに原産地規則を共通化することが有効といえる。特に、CTC/RVCへの共通化は、複数のRTAの同時利用を容易にするであろう。

5 今後の研究の方向性

　本章を締めくくるに当たり、最後に、今後の研究の方向性について述べたい。はじめに述べたように、これまでは、RTA締結がどの程度貿易を拡大させているかということが多く分析されてきたが、2000年代以降、RTA特恵税率の利用に関する研究が増加している。特に、どういう企業、製品、国において、特恵税率が実際に利用されているのかが分析されてきた。今後は、こうした特恵税率の利用が貿易拡大につながっているかについて、詳細な分析をしていくことが重要であろう。すなわち、第1節におけるフローにおいて、RTA特恵税率の利用（②）から貿易拡大（③）への流れを確認することが重要である。そうした研究として、Hayakawa（2015b）が挙げられる。筆者は、在ASEANの日系現地法人を分析対象としているが、RTA税率の利用が輸出拡大につながっている事実を発見できなかった。さらなる研究蓄積が求められるトピックである。また、Hayakawa（2015b）では、輸出のみならず、当該企業の雇用や現地調達に対する影響を調べている。このように、RTA税率の利用がさまざまな企業パフォーマンス指標に与える影響を調べることも重要である。

補論　第3節のモデルにおける導出

　まず、(8)式は以下のように導出できる。

$$\frac{\partial \varphi_j^*}{\partial A} = -\left(\frac{1}{\sigma-1}\right)\left\{\frac{w_j^\sigma f}{kA\,(\theta^{1-\sigma}-t^{1-\sigma})}\right\}^{\frac{1}{\sigma-1}} < 0$$

$$\frac{\partial \varphi_j^*}{\partial w_j} = \left(\frac{\sigma}{\sigma-1}\right)\left\{\frac{w_j^{\sigma+1} f}{k\,(\theta^{1-\sigma}-t^{1-\sigma})}\right\}^{\frac{1}{\sigma-1}} > 0$$

$$\frac{\partial \varphi_j^*}{\partial f} = \left(\frac{1}{\sigma-1}\right)\left\{\frac{w_j^\sigma f^{2-\sigma}}{kA\,(\theta^{1-\sigma}-t^{1-\sigma})}\right\}^{\frac{1}{\sigma-1}} > 0$$

$$\frac{\partial \varphi_j^*}{\partial \theta} = \left(\frac{w_j^\sigma f}{kA}\right)^{\frac{1}{\sigma-1}} \theta^{-\sigma}\,(\theta^{1-\sigma}-t^{1-\sigma})^{\frac{1}{\sigma-1}} > 0$$

$$\frac{\partial \varphi_j^*}{\partial t} = -\left(\frac{w_j^\sigma f}{kA}\right)^{\frac{1}{\sigma-1}} t^{-\sigma}\,(\theta^{1-\sigma}-t^{1-\sigma})^{\frac{1}{\sigma-1}} < 0$$

次に，(9)式の展開は以下のとおりである。

$$u_j \equiv \frac{X_j^{RTA}}{X_j^{MFN}+X_j^{RTA}}$$

$$=\frac{\int_{\varphi_j^*}^{\infty} N_j A\,(w_j\theta/\rho)^{1-\sigma}\varphi^{\sigma-1}dG(\varphi)}{\int_1^{\varphi_j^*} N_j A\,(w_j t/\rho)^{1-\sigma}\varphi^{\sigma-1}dG(\varphi)+\int_{\varphi_j^*}^{\infty} N_j A\,(w_j\theta/\rho)^{1-\sigma}\varphi^{\sigma-1}dG(\varphi)}$$

$$=\frac{-N_j A\beta\,(\sigma-\beta-1)^{-1}(w_j/\rho)^{1-\sigma}\theta^{1-\sigma}(\varphi_j^*)^{\sigma-\beta-1}}{N_j A\beta\,(\sigma-\beta-1)^{-1}(w_j/\rho)^{1-\sigma}\left\{t^{1-\sigma}(\varphi_j^*)^{\sigma-\beta-1}-t^{1-\sigma}-\theta^{1-\sigma}(\varphi_j^*)^{\sigma-\beta-1}\right\}}$$

$$=\frac{1}{1+t^{1-\sigma}\theta^{\sigma-1}\left((\varphi_j^*)^{1-\sigma+\beta}-1\right)}$$

最後に，(10)式の導出は以下のとおりである。

$$\frac{\partial u_j}{\partial A} = -\underbrace{(\beta-\sigma+1)}_{+} u_j^2 t^{1-\sigma}\theta^{1-\sigma} \times \underbrace{\frac{\partial \varphi_j^*}{\partial A}}_{-} > 0$$

$$\frac{\partial u_j}{\partial w_j} = -\underbrace{(\beta-\sigma+1)}_{+} u_j^2 t^{1-\sigma}\theta^{1-\sigma} \times \underbrace{\frac{\partial \varphi_j^*}{\partial w_j}}_{+} < 0$$

$$\frac{\partial u_j}{\partial f} = \underbrace{-(\beta-\sigma+1)}_{+} u_j^2 t^{1-\sigma}\theta^{1-\sigma} \times \underbrace{\frac{\partial \varphi_j^*}{\partial f}}_{+} < 0$$

$$\frac{\partial u_j}{\partial t} = -t^{-\sigma}\theta^{\sigma-1}u_j^2 \left\{ \underbrace{(1-\sigma)}_{-}\underbrace{\left((\varphi_j^*)^{1-\sigma+\beta}-1\right)}_{+} + t\underbrace{(\beta-\sigma+1)}_{+}(\varphi_j^*)^{\beta-\sigma}\times\underbrace{\frac{\partial \varphi_j^*}{\partial t}}_{-} \right\} > 0$$

$$\frac{\partial u_j}{\partial \theta} = -t^{1-\sigma}\theta^{\sigma-2}u_j^2 \left\{ \underbrace{(\sigma-1)}_{+}\underbrace{\left((\varphi_j^*)^{1-\sigma+\beta}-1\right)}_{+} + \theta\underbrace{(\beta-\sigma+1)}_{+}(\varphi_j^*)^{\beta-\sigma}\times\underbrace{\frac{\partial \varphi_j^*}{\partial \theta}}_{+} \right\} < 0$$

参考文献

Bhagwati, J., D. Greenaway and A. Panagariya (1998) "Trading Preferentially: Theory and Policy," *Economic Journal*, 108(449): 1128-1148.

Bureau, J., R. Chakir and J. Gallezot (2007) "The Utilisation of Trade Preferences for Developing Countries in the Agri-food Sector," *Journal of Agricultural Economics*, 58(2): 175-198.

Cadot, O., C. Carrere, J. De Melo and B. Tumurchudur (2006) "Product-specific Rules of Origin in EU and US Preferential Trading Arrangements: An Assessment," *World Trade Review*, 5(2): 199-224.

Cadot, O., J. de Melo (2007) "Why OECD Countries Should Reform Rules of Origin," *World Bank Research Observer*, 23(1): 77-105.

Chang, K. and K. Hayakawa (2014) "Details in the China-Taiwan Free Trade Agreement," *Journal of Economic Integration*, 29: 676-699.

Cherkashin, I., S. Demidova, H. Kee, and K. Krishna (2015) "Firm Heterogeneity and Costly Trade: A New Estimation Strategy and Policy Experiments," *Journal of International Economics*, 96(1): 18-36.

Cipollina, M. and L. Salvatici (2010) "Reciprocal Trade Agreements in Gravity Models: A Meta-Analysis," *Review of International Economics*, 18: 63-80.

Demidova, S. and K. Krishna (2008) "Firm Heterogeneity and Firm Behavior with Conditional Policies," *Economics Letters*, 98(2): 122-128.

Estevadeordal, A. (2000) "Negotiating Preferential Access: The Case of the North American Free Trade Agreement," *Journal of World Trade*, 34(1): 141-166.

François, J., B. Hoekman and M. Manchin (2006) "Preference Erosion and Multilateral Trade Liberalization," *World Bank Economic Review*, 20(2): 197-216.

Hakobyan, S. (2015) "Accounting for Underutilization of Trade Preference Programs: U.S. Generalized System of Preferences," *Canadian Journal of Economics*, 48(2): 408-436.

Hayakawa, K. (2011) "Measuring Fixed Costs for Firms' Use of a Free Trade Agreement:

Threshold Regression Approach," *Economics Letters*, 113(3): 301-303.
Hayakawa, K. (2013) "Does the Use of Multiple FTAs Force Firms to Raise Local Input Share?: Evidence of the Spaghetti Bowl Phenomenon," *Economic Modelling*, 33: 458-461.
Hayakawa, K. (2014) "Impact of Diagonal Cumulation Rule on FTA Utilization: Evidence from Bilateral and Multilateral FTAs between Japan and Thailand," *Journal of the Japanese and International Economies*, 32: 1-16.
Hayakawa, K. (2015a) "Does Firm Size Matter in Exporting and Using FTA Schemes?," *Journal of International Trade and Economic Development*, 24(7): 883-905.
Hayakawa, K. (2015b) "Impacts of FTA Utilization on Firm Performance," *B.E. Journal of Economic Analysis and Policy*, 15(3): 1325-1352.
Hayakawa, K., D. Hiratsuka, K. Shiino and S. Sukegawa (2013a) "Who Uses Free Trade Agreements?" *Asian Economic Journal*, 27(3): 245-264.
Hayakawa, K., H. Kim and H. Lee (2014) "Determinants on Utilization of the Korea-ASEAN Free Trade Agreement: Margin Effect, Scale Effect, and ROO Effect," *World Trade Review*, 13(3): 499-515.
Hayakawa, K., H. Kim, N. Laksanapanyakul and K. Shiino (2013b) "FTA Utilization: Certificate of Origin Data versus Customs Data," IDE Discussion Papers 428.
Hayakawa, K., H. Kim and T. Yoshimi (2015a) "FTA in International Finance: Impacts of Exchange Rates on FTA Utilization," IDE Discussion Papers 494.
Hayakawa, K. and N. Laksanapanyakul (2015) "Impacts of Common Rules of Origin on FTA Utilization," Forthcoming in *The International Economics and Economic Policy*.
Hayakawa, K., N. Laksanapanyakul and K. Shiino (2013c) "Some Practical Guidance for the Computation of Free Trade Agreement Utilization Rates," IDE Discussion Papers 438.
Hayakawa, K., N. Laksanapanyakul and S. Urata (2015b) "Measuring the Costs of FTA Utilization: Evidence from Transaction-level Import Data of Thailand," Working Papers DP-2015-38, Economic Research Institute for ASEAN and East Asia (ERIA).
Keck, A. and A. Lendle (2012) "New Evidence on Preference Utilization," World Trade Organization, Staff Working Paper ERSD-2012-12.
Manchin, M. (2006) "Preference Utilisation and Tariff Reduction in EU Imports from ACP Countries," *The World Economy*, 29(9): 1243-1266.
Takahashi, K. and S. Urata (2010) "On the Use of FTAs by Japanese Firms: Further Evidence," *Business and Politics*, 12(1): 2.
Ulloa, A. and R. Wagner (2013) "Why Don't All Exporters Benefit from Free Trade Agreements? Estimating Utilization Costs," Mimeograph, Tufts University.

第7章
生産ネットワークとメガFTAs

木村福成

1 GVCsと生産ネットワーク

　このところ、さまざまな経済開発の現場で、グローバル・バリュー・チェーン（GVCs）という言葉が語られるようになっている。内にこもらずに外とつながり、積極的にグローバリゼーションの力を経済開発に生かしていく、そういう夢を抱き、成功例を語り、開発戦略を構築する気運が高まっている。これについてはまずは喜ばしいことと評価しておこう。特に経済協力開発機構（OECD）のグループが開発している付加価値貿易（TiVA）データは、これまでなかった角度からの研究論文を数多く生み出し、新しい経済開発論の展開に貢献している。そこでは、各国経済が世界と深くつながっていることが実感できる。

　しかし、そこから政策論へとつなげていく部分については、まだ十分な研究が蓄積されていない。鍵となる指標としてしばしば話題に上るのが、輸出あるいは生産に体化された自国・外国の付加価値比率である。自国の開放度が高まり、生産が国際産業連関の中で行われるようになれば、外国付加価値比率が上がる。一方、自国内での作り込みが進めば、自国付加価値比率が上昇する。さらに、自国の経済規模と自国付加価値比率の間には正の相関がある。自国・外国の付加価値比率は大変興味深い指標だが、高い方がよいのか低い方がよいのかは容易に判断できない。これらの比率を政策目標にするのは極めて危険である。

　国際産業連関表から得られる情報だけでは単に国際産業連関の強さを見ているに過ぎず、各国がどのようなGVCsにどのように接続されているのかは

わからない。そこを突き止めなければ、建設的な政策論を発展させていくことはできない。

　筆者は、これまで一貫して、「国際的生産・流通ネットワーク」あるいは「生産ネットワーク」という用語を、機械産業を中心とする生産工程・タスク単位の国際分業あるいは第2のアンバンドリング（Baldwin, 2011）という意味で用いてきた（Ando and Kimura, 2005）。これらは、GVCs の一部ではあるが、衣料・履物産業や農業・食品加工業のゆっくりとした GVCs とは質的に異なるものである。それを支えるロジスティックス・インフラや政策環境も大きく違ってくる。さらに、国際的生産・流通ネットワークは距離を嫌う企業間分業を核とする産業集積形成へと発展していくが、それは従来の輸入代替的政策環境下における産業集積形成とは質的に異なるものである（Kimura and Ando, 2005）。このような生産ネットワークの進展という意味で、北東アジア、東南アジアを含む東アジアは世界でもっとも先進的な地域となっている。この地域の新興国・発展途上国は、生産ネットワークを積極的に用いる開発戦略を展開してきており、その文脈で GVCs との関係を整理する必要がある。

　さらに、政策論として整理しておかねばならないのが、目下東アジアで展開されている経済統合とのリンクである。東南アジア諸国連合（ASEAN）の経済統合はその開発戦略と密接に連携しながら進んできた。教科書的な経済統合段階論に基づき統合の未成熟を批判する声が強い一方、それが同地域の経済発展にどのように貢献してきたのかについては正当な評価がなされてきたとは言えない。さらに、ASEAN 経済共同体（AEC）の今後の課題を明確にするには、この開発戦略の延長線上に何が待ち受けているのかを見極めることが重要となる。2015 年 10 月に大筋合意に至った環太平洋経済連携協定（TPP）が ASEAN および東アジアの新興国・発展途上国に与えうるインパクトについても、この地域が GVCs にどのように関わってきたのかを踏まえて、検討していかねばならない。

　本章ではまず、GVCs に対する関与という視点から ASEAN および東アジアの新興国・発展途上国が採用してきた開発モデルを整理し、GVCs への関わり方という面から見た発展段階ごとの政策課題を整理する。それを踏まえ、

ASEAN 経済統合および TPP その他のメガ FTAs の有する意味を明らかにし、今後の同地域の経済発展に経済統合がどのように貢献しうるのかについて議論を展開していく。

2　生産ネットワークを中心に据えた開発戦略

2.1　GVCs とティア構造

　筆者は最近、東アジア・アセアン経済研究センター（ERIA）の活動の一環として『アジア総合開発計画 2.0（CADP 2.0）』（ERIA, 2015）を作成し、2015 年 11 月の東アジアサミットに提出した。これは ASEAN と周辺東アジア諸国のためのインディカティヴなインフラ開発計画であるが、生産ネットワークを中心に据えた開発戦略の中にインフラ開発を位置付けたところにその独自性がある。その後、ASEAN 諸国その他新興国・発展途上国の開発戦略と GVCs との関わりについては引き続き考察を進め、だいぶ議論が整理されてきたように感じるので、以下では政策論とのリンクの部分を議論したい。

　図 7-1 は、GVCs への関わり方という観点から、ASEAN その他の新たな開発戦略を描いたものである。GVCs と言っても、伝統的な衣料・履物産業等の労働集約的なオペレーションはティア 3、機械産業等の足の速い生産ネットワークはティア 2 である。通常の GVCs をめぐる議論では、まずこの 2 つの区別が明確になっていないが、両者は業種別あるいは国別というよりはオペレーションの性格として大きく異なっていることを強調しておきたい。

　次のティア 1a では産業集積が形成されていく。生産ネットワークを通じて外から足りないものを補いながら、企業間分業を核とする産業集積が出来上がってくる。最後のティア 1b は、先進国となるべく、イノヴェーション・ハブを創出するステップである。そこでは、人的資源の開発と研究開発（R&D）ストックの蓄積が不可欠となるが、かつての日本や韓国のように自国のリソースのみに依存するのではなく、教育・研究活動の国際化を大いに利用し、国内外の高度人材を惹き付けることが必要となる。そのためには、知的な人たちが喜んで集まってくるような都市アメニティ（urban amenities）の提供が重要になる。

図7-1 ASEAN・東アジアの開発戦略

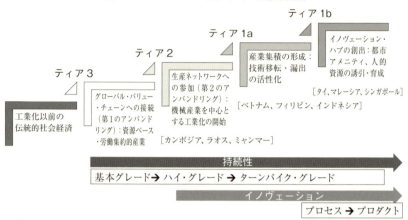

出所：ERIA (2015).

　各ティアは、特定の場所や産業・業種に対応しているというよりは、むしろGVCsへの関与の仕方によって区分されている。したがって、各ティアはそれぞれの国の工業化の段階にルースに対応しているが、1国1ティアとなっているのではなく、むしろ1国の中に複数のティアが共存しているものと考えた方がいい。しかし、各国の経済発展の先端部分で主要課題となっているティアを1つ挙げることは可能である。カンボジア、ラオス、ミャンマーはようやくティア2へのステップを登り始めたところである。ベトナム、フィリピン、インドネシアはティア1aで要求される効率のよい産業集積の形成という課題と格闘している。タイ、マレーシア、シンガポールはティア1bへとステップアップしようとしている。このような経済発展過程は、表7-1に見るように、1人当たり所得1,000USドル前後を境とする低所得国から低位中所得国への移行、4,000USドルに対応する高位中所得国への移行、12,000USドルの高所得国への移行とほぼ一致している。この文脈では、「中進国の罠」と総称される経済発展上の課題は、次のティアへとステップアップすることに伴うさまざまな困難と解釈することができる。

　表7-2は各ティアで課題となってくる政策をリストアップしたものである。政策は、自由貿易協定（FTAs）でカバーされる広義の国際通商政策に属

第7章 生産ネットワークとメガFTAs　181

表7-1　ASEAN諸国の1人当たりGDP（USドル；名目価格ベース）

年	2009	2010	2011	2012	2013	2014
シンガポール	38,577	46,570	53,117	54,578	55,980	56,287
ブルネイ	28,454	32,063	42,431	42,445	44,560	41,424
マレーシア	7,216	8,515	9,962	10,346	10,420	10,784
タイ	3,947	4,743	5,116	5,391	5,679	5,436
インドネシア	2,359	2,988	3,498	3,564	3,461	3,901
フィリピン	1,829	2,127	2,339	2,568	2,707	2,816
ベトナム	1,232	1,338	1,543	1,755	1,909	2,055
ラオス	913	1,079	1,262	1,443	1,613	1,730
カンボジア	735	785	882	952	1,018	1,105
ミャンマー	456	686	1,127	1,190	1,209	1,278

出所：ASEAN Secretariat webpage（http://www.asean.org/component/zoo/item/macroeconomic-indicators）．

表7-2　各ティアで求められる政策：経済統合と開発アジェンダ

	ティア3：GVCsへの接続	ティア2：生産ネットワークへの参加	ティア1a：産業集積の形成	ティア1b：イノヴェーション・ハブの創出
経済統合	一般特恵関税（GSP）の利用	関税撤廃（特に機械類など） 投資自由化（特に機械類など）	関税撤廃 非関税措置撤廃（TBTなど） サービス自由化（特に生産サポートサービス） 投資自由化（特に製造業全般、生産サポートサービス） 人の移動（特にビジネスマン）	非関税措置撤廃（SPS、基準認証など） サービス自由化（全般） 投資自由化（全般） 人の移動（高度人材一般） 知財保護 競争政策 国有企業改革
開発アジェンダ	投資促進（輸出加工区など） 輸送インフラ整備（中程度のグレードのもの） 労働集約的製造業振興 中小企業振興（cottage industryなど）	貿易円滑化（通関電子化・迅速化、トラック相互乗り入れなど） 投資促進（one-stop service、経済特区など） 経済インフラサービス（経済特区向けなど） 輸送インフラ整備（高グレードのもの、特に中距離） 中小企業振興（農産品輸出、観光サービスなど）	貿易・輸送円滑化（シングル・ウィンドウなど） 投資促進（投資受入庁・工業団地サービスの充実など） 経済インフラサービス（広域都市圏開発、大規模安定供給） 輸送インフラ整備（高速・大規模グレードのもの、都市圏輸送網、大型港湾・空港など） 法制・経済制度整備（取引費用の軽減） 中小企業振興（サポーティング・インダストリーへの参入）	消費者保護 高度人材育成 R&Dストックの蓄積 都市アメニティの充実 1）多様な消費サービス、消費財 2）美的・物的設定 　文化・芸術、 　スマートシティ 3）公共政策 　教育、治安 4）スピード 　都市交通、国際交流 中小企業振興（ヴェンチャービジネス・起業サポート）

するものと、それ以外の開発アジェンダと言うべきものを、分けて記載している。以下、ティアごとに解説していく。

2.2 ティア3：GVCsへの接続

ティア3は、ASEAN、東アジアに限らず、世界の多くの発展途上地域がGVCsとの接続を試みる形態である。典型的には、ゆっくりとしたロジスティックス・リンクによって接続された遠隔地で、ASEANで言えば、メコン地域の山間部やインドネシア、フィリピンの島嶼部などを舞台とする。産業・業種としては、農業・食品加工業・バイオエネルギー、水産業、衣料・履物等労働集約的製造業、観光業などによく見られる。ティア3という概念は、立地や産業・業種によって定義されるのではなく、GVCsへの接続の態様、ビジネス・オペレーションの形態によって同定されると考えた方がよい。

工業化以前の伝統的社会経済の段階では多くの場合、国際経済との接続そのものが有効に機能しておらず、多国籍企業による直接投資についても障害が多く、また農村部・山間部・島嶼部から主要都市へのアクセスも容易でない。まずは、国内外の経済が、中程度のグレードの輸送インフラによってリンクされ、時間コストまでは考慮しないまでも信頼性のある接続性（connectivity）が確保されることが必要である。これがあれば、外とつながったさまざまなビジネス・モデルが育成できる。

ティア3が主要課題となっている国では、経済統合関連政策と言っても、まだ積極的な貿易自由化によって産業振興・工業化を推し進めていこうとの気運が盛り上がっていない。しかし、農産品、水産品、労働集約的製造業品に関する一般特恵関税（GSP）が使用できるかどうかがGVCsへの接続の可否を握るケースはよく見られる。開発アジェンダに属する政策では、先に述べた中程度のグレードの輸送インフラ整備に加え、輸出加工区を中心とする投資促進、労働集約的製造業の振興、村落工業や観光などに関わる中小企業振興などが、重要な政策となってくる。

2.3 ティア2：生産ネットワークへの参加

ティア2になると、ティア3とは違い、足の速い時間にセンシティヴなリ

ンクが重要となる。産業・業種単位の国際分業から生産工程・タスク単位の国際分業が可能とならねばならない。

　この段階では、部品点数が多く、企業間分業の比重の高い機械産業が主役となる。しかし、他の産業でも生産ネットワークを展開している例は数多く存在する。インド洋でとれたマグロを冷蔵（冷凍ではない）で日本に飛行機で運ぶオペレーション、コロンビアから米国、東アフリカからオランダに運ばれる切り花、インドやフィリピンでのコールセンターやビジネス・プロセス・アウトソーシング（BPO）なども、一種の生産ネットワークであり、ティア2とすべきオペレーションである。しかし、機械産業は何と言っても規模が大きく、また機械産業のための経済・政策環境が整えば他産業もそれを利用できることから、その重要性をしっかりと認識しておく必要がある。

　この段階での諸政策を考えるには、フラグメンテーション理論（Jones and Kierzkowski, 1990）と第2のアンバンドリングの議論（Baldwin, 2011）が有効である。フラグメンテーション理論によれば、企業に生産工程・タスクを分散立地させるためには、①生産ブロックのための立地の優位性の強化と②離れて置かれる生産ブロックを結ぶサービス・リンク・コストの軽減が必要である。立地の優位性については、多くの場合、まずは安価な非熟練労働者の供給が可能なことが動機付けとなるが、同時に生産活動を支える最低限の経済環境が整えられなければならない。サービス・リンク・コストについては、特に国際間輸送費につき、金銭的コストのみならず時間コスト、ロジスティックスの信頼性といった要素をも含む改善が必要となる。これら2つのどこにボトルネックがあるのか突き止めれば、問題の解決も容易となる。

　この段階での経済統合関連政策としては、生産ネットワークを展開する産業・業種、とりわけ機械類に関する関税撤廃が重要となる。多くの生産ブロックを誘致し、生産ブロック相互のリンクも喚起して次のティア1aの産業集積形成へと進んでいきたいのであれば、さらに上流にさかのぼった広範な品目についての関税撤廃が望まれる。同時に、機械産業その他についての投資自由化も重要である。

　開発アジェンダに属する政策としては、立地の優位性の強化とサービス・リンク・コスト軽減のための諸政策が必要となる。立地の優位性については、

投資受入庁や経済特区などによる投資円滑化・促進が重要となるとともに、安定した電力供給その他の経済インフラサービスの供給も少なくとも経済特区向けについてはしっかりと整備しなければならない。サービス・リンク・コストに関しては、ハードとソフトのインフラ開発が求められる。ハード面では特に、高グレードの中距離輸送インフラの整備が喫緊の課題となっていることが多い。ソフト面では、通関の電子化・迅速化、国境を越えたトラック相互乗り入れなどの貿易円滑化が効果を発揮する。

2.4　ティア1a：産業集積の形成

　ティア1aにさしかかり産業集積の形成が始まると、地場系企業が多国籍企業の生産ネットワークに参加する機会も増大する。たとえば、多国籍企業の組立業者は、進出したばかりの時は同じく多国籍企業の部品製造業者に部品・中間財の納入を頼っている。しかし、部品納入が海外からとなったり、あるいは部品納入業者も直接投資によって産業集積内に生産拠点を設けてそこから部品納入をするということになると、どうしてもコスト的に高くつく。地場系企業にある程度の実力がついてくれば、部品納入について価格競争力を有する状況になることも多い。ただし当初は、地場系企業の非価格競争力、たとえば納期をしっかり守れるかとか品質の安定性を保てるかといったことは、必ずしも強くない。そうなると、多国籍企業の組立業者としては、上流の地場系企業に対し、さまざまな技術移転をしたり、技術者を派遣して生産ラインを直したり訓練をほどこしたりするインセンティヴが生ずる。このような技術移転は、さらに上流の地場系企業への技術移転を促し、また技術のスピルオーバーも喚起する。このような好循環が始まると、地場系企業のプロセス・イノヴェーション（生産工程等の改善、生産性向上）を行う力もついてくる。ティア2ではほとんどリンクしていなかった地場系企業が、ティア1aでは重要なプレーヤーとなってくる[1]。

　したがって、産業集積を形成する段階では、国外と生産ネットワークで密

---

[1]　ERIAでは、地場系企業あるいは現地の外資系企業に対しどのような技術情報がどのチャンネルからもたらされるのかについて、一連の質問票調査を行っている。その成果については、たとえばKimura et al.（2015）参照。

接につながりながら、産業集積内でも密度の濃い企業間分業が発達するよう、経済環境を整えていかなければならない。ここでは、産業・業種を選り好みしている余裕はない。産業連関は、政策決定者が考えるよりもはるかに複雑である。少なくとも製造業とそれを支えるサービス業については、できるだけ多くの生産ブロックを誘致し、またそれらが相互にリンクしていけるような条件を整えていかねばならない。人口 1,000 万人を超えるバンコク、ジャカルタ、マニラ、ホーチミン市のような都市圏では、半径 100km 程度のフルサイズの産業集積をデザインする必要がある。もう少し人口規模の小さい都市では、半径 50km 程度の中程度の産業集積を構想すればよいだろう。

経済統合関連政策については、まずは全般的な関税撤廃が重要となり、また技術的貿易障壁（TBT）などの非関税措置についても非効率な部分から整理していかねばならない。金融、電気通信、流通、輸送、専門家サービスは生産サポートサービスと総称されるが、それらの分野の自由化も重要である。人の移動については、分野横断的な制限が厳しく課される傾向にあるが、特にビジネスマンについては就労ビザ取得の簡便化・迅速化などが有効である。

開発アジェンダに属する政策では、産業集積が一定規模以上に成長し、効率的に機能するよう、さまざまな手当てが必要となってくる。本格的なソフトの貿易・輸送円滑化とともに、都市輸送網、大型港湾・空港などのハードの輸送インフラ整備も必須である。電力等の経済インフラサービスについても、大規模でかつ安定的な供給体制を整えなければならない。法制・経済制度整備を進め、取引費用を軽減させる必要がある。地場系企業、中小企業がサポーティング・インダストリーとして生産ネットワークに参加していけるよう、金融、技術、人材養成、情報などさまざまな角度からの企業・企業家養成を行う必要も生じてくる。

2.5 ティア 1b：イノヴェーション・ハブの創出

ティア 1a では、地場系企業の実力も、プロセス・イノヴェーションができるところまでは上がってくる。しかし、真の先進国となるためには、プロセス・イノヴェーションからプロダクト・イノヴェーション（新製品開発）へとイノヴェーションの内容を高めることが不可欠である。それは、ティア 1

a までの工業化の進展を多国籍企業に依存してきた ASEAN 諸国としては容易な課題ではない。

　産業集積の形成は正の集積効果によってある程度の産業構造の安定性をもたらすが、所得水準が高まるにつれ労働集約的な工程についての国際競争力が次第に減衰していくことは避けられない。そうなったとしても、多国籍企業が自動的により資本集約的・人的資本集約的工程を持ってきてくれるという保証はない。自国のリソースを用いるにせよ、多国籍企業にリソースを外から持ち込んでもらうにせよ、どちらの場合にも、自国がより高度な工程・タスクに適した立地の優位性を提供しなければ、そこから先の産業高度化は達成できない。

　したがって、ティア 1b では、本格的な高度人材育成と研究開発（R&D）ストックの蓄積が不可欠となる。ASEAN 諸国の大学、政府系研究所等の高等教育・研究機関は、シンガポールを除けばまだまだ弱体である。R&D 投資の対 GDP 比率は、日本や韓国では 3% 以上、中国とシンガポールでも 2% 台となっているが、その他 ASEAN では、マレーシアが 0.8% となっているのみで、その他は 0.2% 程度の低水準となっている。本格的な R&D 活動は、資金源が官か民か、活動主体が官か民かにかかわらず、まだほとんど始まっていない。高等教育・研究機関の充実は、お金もかかるし、歩留まりも悪い。しかし、タイ、マレーシアなど本格的にティア 1b の課題に取り組まねばならない国は、この時間のかかる取り組みに本腰を入れていかねばならない。

　ティア 1a までの多国籍企業依存が問題を難しくしているという面も確かにあるが、一方、グローバリゼーションが進んでいるがゆえにアプローチが変わってくるという側面もある。かつて日本や韓国がイノヴェーション・ハブを創出していった時には、外国の科学技術から学び、それにキャッチアップしていくという意味で後発性の利益を大いに利用してきたわけだが、一方で人材や投資主体という意味では自国のリソースにほぼ全面的に依存してきた。しかし今や、R&D 活動に関しても、世界的に見て集積形成と分散立地が同時並行で進み、国境を越えたアウトソーシングも盛んになってきている。大学などの高等教育機関の直接投資も増えてきた。高度人材の国際間移動も、インバウンド、アウトバウンドとも容易になってきた。このようにリソース

の移動性が高まってきた状況下、ASEAN のイノヴェーション・ハブ戦略は、日本や韓国とは異なったものとなりうる。

　イノヴェーション・ハブ創出のためにはおそらく多方面からのアプローチが求められることになるだろうが、必要条件の1つに確実になってきそうなのが、高度人材を惹き付ける都市アメニティの充実である。教育水準が高く、プロフェッショナルな仕事に誇りを持つエンジニアやマネージャーは、快適な生活も大切にする。プロフェッショナルとしての自らの力を発揮する機会があり、子供に良質な教育機会を与えることができ、家族にいい生活をさせてあげられる、そういう経済的・社会的環境が整っていなければ、高度人材は集まってこないし、また定着してくれない。自国の高度人材は一定のホームバイアスがかかっていて地元びいきではあるが、それでも海外にはるかによい条件がそろっている所があれば流出してしまう。ましてや、外国の高度人材を集めてくるためには、都市アメニティの充実をはっきりと意識した環境整備が必要である。

　高度人材が集まってきて、イノヴェーションが次々に生まれてくるような環境を作るための都市アメニティとはどのようなものなのか。これについてはさらに詳しい検討を積み上げていく必要があるが、1つの出発点は Glaeser et al.（2001）が挙げている4つの要素である。第1はサービスや消費財について多様な消費が可能なことである。高度人材に来てもらい長く滞在してもらうためには、多様な消費機会が提供されていることが極めて重要である。大規模小売店舗やコンビニエンスストアが不可欠であることは言うまでもないが、財については将来的にはインターネット販売で置き換えることもある程度可能かも知れない。しかし、サービスの大部分はそうはいかない。多彩なレストラン、音楽コンサートなど、そこに立地していなければ味わえないサービスも多い。

　第2は、美的・物理的設定である。建築や都市計画が美しい、機能的にできている、気候がよいあるいは空調が行き届いている、エネルギー効率がよく環境にやさしいなどの条件が、ここに含まれる。第3は、公共政策である。子供たちのために良質な教育が提供されていること、医療・介護施設が整備されていること、治安がよいことなどである。第4は、スピードである。都

市内をいつでも安全かつ自由に動き回れるような都市交通が整備されていること、山や海などリゾート地にも即座に行けること、国境を越えた出入りも迅速であることなどが、ここで重要となる。

このように考えていくと、ティア1bでは、おおむね生産面のみを手当てしておけばよかったティア1aとは異なり、生活の質に関しても真剣に取り組まなければならないことがわかるだろう。必要な経済統合関連政策の範囲も大きく広がってくる。モノの貿易については、関税撤廃はもとより、動植物検疫・食品衛生に関する措置（SPS）における無駄を省いたり、基準認証を進めるといった、生産財のみならず細かい消費財にまで及ぶ貿易円滑化が重要となる。また、サービス・投資全般の自由化が求められ、特に高度人材の国際間移動が円滑にならなければいけない。あわせて、知財保護、競争政策の重要性も増し、国有企業が残存している場合にはその改革も喫緊の課題となる。

開発アジェンダに属する政策としては、まずは高度人材育成とR&Dストックの蓄積は欠かせない。さらに、内外の高度人材を惹き付けるという意味では、先ほど述べた都市アメニティの充実、消費者保護なども求められる。中小企業振興も、ヴェンチャー・ビジネスや起業サポートなどに重心が移ってこなくてはならない。

このように考えてくると、この十数年来シンガポールが試みてきた各種政策は、まさにイノヴェーション・ハブ創出のための努力と解釈することができる。シンガポールの野心的な試みから学べるものは多い。しかし、都市国家であるという特殊性から、他のASEAN諸国に直接適用可能な部分とそうでない部分があるだろう。イノヴェーション・ハブ創出戦略は、ほとんどの国でまだ始まってさえいない。今後政策論を強化していかなければならない分野である。

2.6　他地域への応用可能性

現在の世界の新興国・発展途上国は、大なり小なり、グローバリゼーションの影響を色濃く受け、GVCsにも何らかの形で関与しようとしている。しかし、ASEANあるいは中国のようにこのティア構造を忠実にたどっている

と思われる国は多くない。

　まず、サブサハラアフリカや南アジアの国々は、GVCs と言ってもティア 3 がほとんどであり、ティア 2 に這い上がるにはその重要性を十分に認識した政策の施行が必要である。ラテンアメリカでティア 2 に達した国はメキシコとコスタリカのみ、中東欧でもポーランド、チェコ、スロバキア、ハンガリー、ルーマニアなど限られている。ティア 1a の産業集積となると、ここ数年で自動車産業の集積を形成しつつあるメキシコくらいしか例がない。多くの国は、ティア 2、ティア 1a を経ないで、ティア 3 からティア 1b へと一気にジャンプしようとしているように見える。

　ASEAN および中国の場合、ティア 2、ティア 1a を経由することで、高い経済成長率を長期にわたって維持し、また農村・インフォーマルセクターから都市・フォーマルセクターへの労働移動による貧困層のボトムアップが可能となった。ある程度の人口規模を有する国で、製造業を経ずしていきなり高度なサービス業を中心として先進国になるというシナリオがありうるのかどうかについても、今後よく検証していく必要がある。

3　ASEAN 経済統合

3.1　独自の経済統合モデル

　ASEAN の経済統合は、壮大な理想を語りながらも現実に即してこまめに軌道修正し、確固たる約束がなされた部分とそうでない部分を混然と包括し、各国の足並みをゆったりと整えながら、長い目で見れば着実に前に進んできた。ASEAN も一時、理想主義的、教科書的でクリーンな「市場統合」を目指すと宣言したこともあった。ASEAN 経済統合を欧州の深い統合を基準に評価するならば、不完全なところばかりが目立つ。しかし、世界金融危機と欧州統合のほころびは教科書的な経済統合を冷静に見直すきっかけとなり、ASEAN は自らの開発モデルに貢献する経済統合という重要なメッセージを打ち出すところまで来ている。

　2007 年に作成された『ASEAN 経済共同体（AEC）ブループリント』(ASEAN, 2008) は、表 7-3 のように、「単一の市場と生産基地」、「競争力の

表 7-3　ASEAN 経済共同体（AEC）2015 の 4 つの柱

単一の市場と生産基地	競争力のある経済地域	公平な経済発展	グローバル経済への統合
・財の自由な移動 ・サービスの自由な移動 ・投資の自由な移動 ・資本のより自由な移動 ・熟練労働者の自由な移動 ・優先統合セクター ・食料・農業・林業	・競争政策 ・消費者保護 ・知財保護 ・インフラ開発 ・税制 ・電子商取引	・中小企業振興 ・ASEAN 統合イニシアティヴ（IAI）	・対外経済関係についての一貫したアプローチ ・グローバル・サプライ・チェーンへの参加促進

出所：ASEAN（2015b），p.5.

ある経済地域」、「公平な経済発展」、「グローバル経済への統合」という 4 つの柱から成っていた。第 1 の柱「単一の市場と生産基地」が通常の国際通商政策としての経済統合に当たる部分である。この部分が観念的、理想主義的に書かれすぎていることが、しばしば目にする AEC の低評価につながっている。モノもサービスも投資も資本も熟練労働者も自由に動く「単一市場」というのは、先進国同士で労働等生産要素価格がある程度均一化し、金融制度等も十分発達した状況にならなければ、そもそも難しい。しかし、「統合された生産基地」であれば、まさに生産ネットワークを活用するということであり、十分に目標となりうる。そのような開発戦略に則した方向に次第に軌道修正されてきた[2]。また、2004 年に打ち出した優先統合セクター（PIS）を第 1 の柱の下に位置付け、自由化、貿易・投資円滑化、産業振興・モニタリングを進めていけるようにしたことも良かった[3]。

　第 2 の柱「競争力のある経済地域」と第 3 の柱「公平な経済発展」は、開発アジェンダとして束ねられるさまざまな政策についての経済協力である。

---

[2]　「単一市場」と「統合された生産基地」概念については Kimura（2013）で詳しく議論した。
[3]　2004 年の『優先セクター統合のための ASEAN 枠組み協定』で開始された。当初は、電子、eASEAN、ヘルスケア、木製品、自動車、ゴム製品、繊維・衣料、農業関連製品、漁業、航空、旅行の 11 部門で始まったが、2 年後にロジスティックス部門が加わった。

ここで列挙されている政策課題のほとんどは、国際通商政策たる自由貿易協定に含まれるというよりは、開発アジェンダに含まれるものである。このような政策分野について、緩い拘束力（non-binding）の国際協力を行い、ピアレヴューの下で前に進んでいこうとしている点は、いかにも ASEAN らしい。最後の第4の柱「グローバル経済への統合」では、ASEAN が一体となって域外との経済統合を進めていこうとの決意が表明されている。

2010年、この4つの柱を支えるものとして『ASEAN 連結性マスタープラン』（ASEAN, 2010）が作成され、制度的連結性、物理的連結性、人と人の連結性という概念が提示された[4]。これも、AEC を開発戦略の中に適切に位置付けることに役立った。

AEC2015 は 2015年12月31日をもって一応の完成が宣言された。それに合わせ、直前の10月に『ASEAN 統合レポート 2015』（ASEAN, 2015a）、11月に『成長のためのブループリント AEC2015：進捗と主要な成果』（ASEAN, 2015b）と題するレポートが公表された。

次の10年については『AEC ブループリント 2025』（ASEAN, 2015c）が2015年11月に発表された。そこでは、地域経済統合をダイナミックで現在進行形の過程であるとし、AEC2015 の延長線上に AEC2025 を位置付けている。AEC2025 は表7-4のように5つの柱から成っている。ASEAN2015 と見比べればわかるだろうが、AEC2025 でも以前の4つの柱はほぼそのまま維持され、5本目の柱として連結性と優先統合セクターの部分が独立している。各柱の内容は、以前よりも現実的になり、また多くのアイデアが盛り込まれ[5]、さらに詳しい内容はこれから1年かけて書き込まれていくことになっている。

---

(4) 『ASEAN 連結性マスタープラン』については、ERIA も2章について執筆協力をした。また、連結性概念および有望プロジェクトについては、ERIA が作成し2010年の東アジアサミットに提出した『アジア総合開発計画』（ERIA, 2010）が参考とされた。
(5) ERIA は、AEC の中間レヴュー（ERIA, 2012）や一連のスコアカード・プロジェクトを通じ、AEC の進捗状況を継続的にモニターしてきた。また、ASEAN が『AEC ブループリント 2025』を執筆するに当たっては、ASEAN Rising と題する ERIA のレポート（Intal et al., 2014）が下地とされたことは明らかである。

表7-4 ASEAN経済共同体（AEC）2025の5つの柱

高度に統合されまとまりのある経済	競争力のあるイノヴェーティヴでダイナミックなASEAN	連結性向上とセクター協力	弾力的・内包的・人間と向き合い・人間中心のASEAN	グローバルなASEAN
● 財貿易 ● サービス貿易 ● 投資環境 ● 金融統合・金融包括・金融安定性 ● 熟練労働者・ビジネスマンの移動円滑化 ● グローバル・サプライ・チェーンへの参加促進	● 効果的な競争政策 ● 消費者保護 ● 知財保護協力の強化 ● 生産性主導成長、イノヴェーション、R&D、技術商業化 ● 税制協力 ● 良好なガヴァナンス ● 効果的・効率的・一貫した・応答の良い規制、良好な規制施行 ● 持続可能な経済発展 ● グローバル・メガトレンドと貿易関連課題	● 輸送 ● 情報通信技術 ● 電子商取引 ● エネルギー ● 食料・農業・漁業 ● 観光 ● ヘルスケア ● 鉱業 ● 科学技術	● 極小・小・中企業の役割強化 ● 民間部門の役割強化 ● 官民連携（PPP） ● 開発格差縮小 ● 地域統合努力へのステークホルダーの貢献	

出所：ASEAN（2015c）．

　AEC形成をめぐるさまざまな政策努力がどこまで達成されたのか、これからどこに向かっていくのかを考える上で、開発戦略との整合性は極めて重要である。以下、これまでのAEC2015の成果をASEAN側の資料（ASEAN, 2015a ; 2015b）を中心にレビューし、さらにAEC2025が目指そうとしている方向性がどの程度開発戦略に資するものとなっているのかを見ていこう。

3.2　モノの貿易
3.2.1　関税撤廃
　シンガポール、マレーシア、タイ、そしてやや時間差を置いてフィリピン、インドネシアでは、経済統合が本格化する以前の1980年代から直接投資誘致のための一方的（unilateral）貿易自由化が始まっており、それが電気・電子産業を中心とする生産ネットワーク形成の必要条件の1つを満たすものとなった。関税撤廃は、1990年代後半、ASEANの主要国は世界貿易機関（WTO）のイニシアティヴである情報技術協定（ITA）によって加速された。

一方、国によっては幼稚産業保護政策あるいは輸入代替型工業化政策を採用していた自動車、鉄鋼などについては、アジア通貨危機によって本格化したASEAN経済統合の枠組みの中で、ようやく関税削減・撤廃へと向かっていく。これらの貿易自由化が同地域の生産ネットワークの発展に役立ったことは明らかである。

ASEAN先行6カ国の域内関税は、99.2％の品目についてすでにゼロとなっており、後発4カ国についても、2015年に90.8％、さらに2018年に向けて撤廃が進む予定である[6]。これらは、クリーンな自由貿易協定の基準を十分に満たすものであり、立派な数字である。ここでは、生産ネットワークに直接関わらない財についてもほぼ全て関税撤廃が実現しており、もっとも高いティアにも対応できるレベルの自由化と評価できる。

3.2.2 原産地規則・貿易円滑化・非関税障壁など

AEC下のモノの貿易自由化の焦点は関税撤廃を超える部分に移りつつある。まず原産地規則（ROO）については、8割以上の品目について、40％付加価値基準または関税品目変更基準のいずれかを満たせばよいというco-equal ruleを採用しており、他地域のFTAsにおける原産地規則と比べてもより使いやすいものと評価されている[7]。また、原産地証明手続きの簡素化を進めるため、自己証明制度の導入も進めており、きめ細かい配慮がされている。

さらに貿易円滑化については、通関手続きの電子化・迅速化の一環としてのナショナル・シングル・ウィンドウ、ASEANシングル・ウィンドウの整備、国際貿易に関する法・規制などを公開するナショナル／ASEAN貿易レポジトリーの作成がなされている。進捗は速いとは言えないが、着実に前には進んでいる。

非関税措置については多くの批判が集まっている。意図して貿易保護のために設けられた非関税障壁も確かに存在し、それらを撤廃することは重要で

---

(6) ASEAN（2015a；2015b）による。
(7) AECおよびASEAN＋1 FTAs等における原産地規則についてはMedalla（2015）参照。

ある。しかし、そのような悪質なものは数として多いわけではない。ASEANにおける多くの非関税措置はむしろ、貿易の技術的障害（TBT）や衛生植物検疫（SPS）をめぐるもので、行政効率の低さや規制適用の非効率性が問題となっている。環境あるいは食の安全といった公共の利益を、貿易を過度に阻害することなく、いかに効率的に守るかという視点が重要である[8]。

　基準認証（standards and conformance）への関心の高まりは、その文脈から生じてきている。標準の調和・収束、国際標準の受入、相互認証などに向けての努力がようやく始まったところであるが、方向性はよい。これまでのところ、3つ（電気製品・電子、化粧品、医薬品）の相互認証協定を締結し、食料品、自動車、建築・建設などについても準備中としている。製品1つ1つについて検討を加えなければならないので時間のかかる作業であるが、粘り強く取り組んでいるものと評価できる[9]。その他、輸出入に際しての証明、許可、ライセンスのための手続きの効率化などにも取り組むとしている。

　これら原産地規則、貿易円滑化、非関税措置、基準認証の問題は、全般に規制改革や行政手続きの効率化に属する課題も多く、その意味で政府のガヴァナンスの問題でもある。派手な成果の上がる分野ではないが、きめ細かく対応している点は評価できよう。特にSPSは、ティア1bの段階で重要となってくる。これから2025年に向けても前進していってほしい分野である。

3.3　その他の自由化努力

3.3.1　サービス貿易

　モノの貿易以外の部分の自由化については、着々と進んでいる分野がある一方、かなりの苦戦を強いられているところもある。難航している分野の1つの類型は、開放度向上に対して国内に抵抗勢力がいる場合である。しかしASEANの場合、そのような複雑な政治経済学が背景となっている例は比較的少ない。むしろ、自らの経済発展のために自由化がなぜ必要なのか、十分に納得していないケースも多い。ティア2、ティア1aのための課題はかな

---

[8]　その文脈から、Cadot et al.（2013）は、非関税措置を各国の規制改革の一環として効率化していくことを提案している。

[9]　基準認証についての実際の進捗状況についてはPrassetya and Intal（2015）参照。

りよく理解されるようになってきた。しかし、消費者の消費こそが重要となるティア1bとなると、まだ自分たちの取り組むべきものとの理解が浸透していない。

　サービス貿易の自由化はそういう悩み多い分野の1つである。それが経済統合の質を問われるものとの認識は十分にあるが、なぜ今推し進めねばならないのか、当事者が十分に納得していない。ASEAN内の交渉は、ASEANサービス枠組み協定（AFAS）の諸目標を改訂する形で進められ、2015年には第10パッケージまで議論が進んだ。全体としては、現実の自由化に自由化約束がようやく追いつき、真水の自由化が始まるところまで来たと言える。しかし、その実施が円滑に進むかどうかはまだわからない。ASEANとしてはこの先、AFASにおける合意をさらにASEANサービス貿易協定（ATISA）として深い統合を目指すとしている。

　これまでのAFAS交渉では、ある意味、国際通商交渉の色が強すぎたとも言える。世界貿易機関（WTO）のサービス貿易に関する一般協定（GATS）の枠組みである4つのモードをベースとして、いかに無差別原則を貫徹するかという視点から、数合わせのため抵抗の少ないところから自由化を進めていくという側面が強かった。もう少し、なぜサービス貿易の自由化が必要なのかを考えるようになれば、これまでの閉塞感を打ち破れるのではないだろうか。

　考えうる方向性の第1は、開発の視点を導入し、いかにして強いサービス部門を育成するかを考えることである。サブセクターごとに事情が異なるが、外資系のサービス供給者に入ってきてもらうにしても、健全な競争の下で生産性向上がもたらされるようにすることが肝要である。サービスのサブセクターによっては、外国のサービス供給者に対する差別待遇だけが問題なのではなく、むしろ国内のサービス供給者も含むさまざまな制度的障害こそが解決すべき課題となっている[10]。サービス貿易自由化とサービス部門の育成は、一体のものとして進めていくべきである。さらにサービス貿易は、投資や人の移動などとも密接に関連している。GATSのモード構成にばかり気を

---

(10)　ERIA（2012）参照。

取られるのではなく、実態的にどうすればサービス部門が自由化されるのか、サービス部門を強くしていけるのかを、考えていく必要がある。

第2に、自国のサービス供給者育成という視点から外国のサービス供給者の参入を恐れるとすれば、それはどのようなサービス分野なのか、見極めることも重要である。1つはおそらく、金融、電気通信など、往々にして独占・寡占の度合いの強いサービス分野であろう。国内企業を育てたいとの気持ちはわかるが、うまく競争原理を導入できるのであれば、外資も導入しつつ育成した方がいい。もう1つは、たとえば小売業など、自国のサービス供給者が小規模零細である場合だろう。これについてはまず、小規模零細の事業主体がそのまま近代的なサービス供給者になるわけではないことを理解すべきである。これらの問題については、政策研究をさらに積み上げていくことが求められる。サービス産業における地場系企業と外資系企業の間の競争の問題、技術移転・漏出の可能性、人材育成の可能性などに関する経済分析は、これまでほとんど蓄積されてきていない。さらなる理論武装が必要である。

第3に、GVCsの積極的利用の観点から、サービス産業の重要性を見直し、優先順位を明確にしていくことも求められる。ティア1aの下では、生産サポートサービスの良質化が重要であり、また製造業品等の生産におけるサービス投入の重要性も認識すべきである。ティア1bに差しかかってきたら、B to Cサービスの充実が喫緊の課題となる。優先度を明確に意識すれば、政治的意思決定ももう少し容易になるだろう。

3.3.2 熟練労働者の移動

熟練労働者の移動の自由化も苦労している分野である。発展段階が大きく異なるASEAN諸国であるから、さすがに非熟練労働者の自由な移動とは言えず、熟練労働者としたわけだが、実際やろうとしてみるとそれでも難しいことがわかってきた。

AEC2015の中心課題となったのが、専門家サービスの相互認証である。エンジニアリング、看護、建築、測量、医療、歯科医療、会計、観光の8分野の認可・資格・免許等に関し、相互認証協定が締結されている。しかし、エンジニアリング、建築を除けば、実際の施行にはなかなか至らないのが現

状で、分野ごとにできることは何か、詳細な摺り合わせが続けられている[11]。

エンジニアリングと建築はどちらかと言えば B to B サービスであり、主としてティア 1a で重要になってくるものであり、実際の需要も認識されている。その他の分野のほとんどは B to C サービスに近い。これらのサービスの質が必要となってくるのはティア 1b であり、その重要性が十分に理解されていないのであろう。

AEC2015 では、専門家サービスの相互認証ばかりに論点が集中してしまった感がある。しかし、熟練労働者の移動、あるいは高度人材の移動ということでは、他にもできることはいろいろある。たとえば、2012 年に締結されたが実施に至っていない ASEAN 自然人の移動協定（ASEAN Agreement on Movement of Natural Persons）をはじめとする諸協定を発展させ、ビジネス上の短期の人の移動などを円滑にしていくことも重要だろう。AEC2015 で「熟練労働者の自由な移動」と謳っていた部分も、AEC2025 では「熟練労働者・ビジネスマンの移動円滑化」と言い換えられており、当を得たものと評価できる。

また、人の移動全般としては、すでに国境を越えて大規模に移動している非熟練労働者も、大変大きな問題である。たとえば、一説によればタイには、非合法なものも含めると、300 万人のミャンマー人、100 万人のカンボジア人、数十万人のラオス人が流入し、建設労働者やレストランのウェイトレス、農業・漁業労働者、また一部は製造業部門の非熟練労働者として働いている。インドネシアからマレーシアへの労働者流入も大規模である。フィリピンからシンガポールへの家事労働者等の流入も大きい。これらの労働移動は、経済合理性の認められる部分も大きいが、一方で、規制のあり方や、労働者の権利や基本的人権の保護について、さまざまな問題も発生している。これらの問題には基本的に 1 国ベースあるいは 2 国ベースでの解決が図られているが、ASEAN 全体としても取り組むべき問題である。学術研究も現実に追いついていない。

---

(11) Fukunaga（2015）参照。

3.3.3 投資

投資に関しても、AEC2015は当初「投資の自由な移動」という理想的かつ抽象的な目標を掲げ、それにがんじがらめとなってしまったところがある。製造業に関してはかなりの自由化が進んだが、非製造業に関しては多くの課題が残っている。

しかし、2012年に発効したASEAN包括的投資協定（ACIA）は、投資の自由化にとどまらず、円滑化、促進、保護を幅広くカバーしており、国際的なベストプラクティスを参照しながら、内外からの投資を惹き付けるための競争力のある投資環境の実現を目指すものとなっている。投資の自由化は粛々と進めていかねばならないが、それが全てではない。自由化そのものが重要なのではなく、投資関連政策全体として投資が活性化されることこそが最終的な目標である。その点をしっかりと見切るようになった点が、AEC2015を締めくくるに当たっての進歩である[12]。

3.3.4 資本・金融

資本・金融面に関しては、アジア通貨危機の教訓もあり、理想主義的であったASEANもさすがに完全な「自由化」を謳うことはせず、当初から「資本のより自由な移動」を目指すとしていた。さらにリーマン・ショックとそれに続くEUの難局を見て、安易に金融統合や通貨統合を進めるのは困難であり、また危険でもあることを再認識した。このように一歩引いたところから始まったがゆえに、資本・金融に関しては無理をせず、しかしよりきめ細かい実質的な政策協調が進んだという面もある。

この分野の統合推進の大枠は2011年に打ち出されたASEAN金融統合枠組み（ASEAN Financial Integration Framework）に書き込まれており、そこでは2020年までに準統合された金融市場を創設するとしている。金融部門にしろ資本勘定の自由化にしろ、自らの発展段階を弁え、競争力を養いつつ慎重

---

[12] ASEANは国連貿易開発会議（UNCTAD）と共同で『ASEAN投資レポート2015』（The ASEAN Secretariat and United Nations Conference on Trade and Development (2015)）を作成した。そこでは、いわゆる直接投資だけでなく、インフラ投資と連結性（connectivity）に多くのスペースを割いている。

に統合を進めていこうとの姿勢は評価できる。そして、銀行・保険業務等に関する域内自由化は徐々に始まりつつある。また、資本市場についての協力もできるところから進めつつあり、特に2012年に始まったASEANトレーディング・リンクの下、マレーシア、シンガポール、タイの株式市場が電子的に接続されたことは、新しい統合のあり方を示すものとして興味深い成果である。

3.3.5 グローバル・サプライ・チェーンへの参加

「グローバル・サプライ・チェーンへの参加促進」は、AEC2015では第4の柱の中で書かれていたが、AEC2025では第1の柱の構成要素として提示される項目となった。

2007年に打ち出されたAEC2015のブループリントは、自由化を強調しすぎた嫌いがある。自由化はもちろん重要なのだが、それはあくまでも過程であって、それが何を目指しているのか、そのために優先度を付して自由化が進行しているのかは、もっと重要である。この項目は、グローバル・ヴァリュー・チェーンをいかに活用して経済発展を遂げていくかという点により高次な目標を置くとの決意表明と読める。この部分、まだ十分に書き込まれていないが、私が提唱するティア構造なども参考にしつつ、内容を充実させていってほしい。

3.4 開発アジェンダ

第2の柱「競争力のある経済地域」と第3の柱「公平な経済発展」には、国際通商政策としての経済統合には通常含まれないものが盛り込まれている。そこには、先に示した表7-2で言えば、下段の開発アジェンダに属する諸政策が列挙されている。このようなものが経済統合と一体のものとして提示されていることは、経済発展を促進することを究極的な目的とするASEANの経済統合の性格を反映するものと解釈できる。

そこでは、お互いに学び合う姿勢、ピアレヴューの活用、官と民が共に関わるトラック1.5といった一種OECD的なアプローチがしばしば採られる。あるいは、産官学の協同という意味ではAPEC的とも言えるかも知れない。

それらを発展段階の異なる国々で進めようとしている点、さらに地域外の先進国や国際機関を「開発パートナー」と呼んで積極的に利用している点が、いかにも ASEAN らしい。

　第 2 の柱の重点分野の 1 つは経済制度整備に関する協力である。競争政策、消費者保護、知財保護が特記されている。それぞれ専門家グループ、委員会、作業部会が組織され、法整備や政策形成についての協力を地道に進めている。これらの分野については、AEC2025 においても、具体的な課題が列挙され、継続的な努力が謳われている。

　インフラ開発とエネルギーに関しては、第 2 の柱の枠をはみ出る勢いで、協力が展開されている。インフラ、特に輸送インフラとソフト面のロジスティックス・リンクのサポートの部分が進んでいる。ERIA もドラフティングに協力した「ASEAN 連結性マスタープラン（The Master Plan on ASEAN Connectivity）2010－2015」は、物的連結性、制度的連結性、人と人の連結性という概念を打ち出した。そして、これらの連結性を向上させることによって AEC の 4 つの柱それぞれを支えていくことを提言し、各国が協同して取り組むプロジェクトのリストを公開した。また、ASEAN 諸国とアジア開発銀行（ADB）が出資して ASEAN インフラストラクチャー・ファンド（AIF）が設立され、2013 年に活動を開始したことも、予算規模としては小さいが象徴的な出来事である。さらに、エネルギーに関しても、必ずしも ASEAN ベースの協力が先行する形にはなっていないが、国際電力網の構築やガスパイプライン設置、さらにはさまざまなソフト面の協力が進展しつつある。もう 1 つ、情報通信技術（ICT）インフラについても、今後より大きな比重を置いていくものと予想される。連結性については、AEC2025 ではセクター協力とともに新しい柱として独立させ、さらに具体的な協力を推進していこうとの意志を表明している。

　また、第 2 の柱に含まれるもので AEC2025 において強調されるようになったのが、イノヴェーションと応答の良い（responsive）規制である。イノヴェーションは特にティア 1a、ティア 1b において重要となってくる。AEC2025 ブループリントでは具体的な内容についてはまだ十分に書き込まれていないが、大事であるとの認識は共有されつつある。応答の良い規制は、

ERIAとニュージーランドの共同研究の中で強調された考え方で、発展段階にかかわらず行政効率を向上させていこうというものである。

第3の柱について。格差の是正はASEANの誰もが反対しない大義名分となっており、それを唱えること自体がASEANの求心力を生んでいるという面もある。しかし、2007年にAEC2015のブループリントが書かれた時点では、内容的にややアイデアに欠けていた。

AEC2015では、主として2つのトピックが取り上げられていた。第1はASEAN統合イニシアティヴ（IAI）である。これは、ASEAN先行国の後発国に対する一種のキャパシティ・ビルディング・プログラムである。ASEAN諸国は国際機関や域外国からさまざまな形の技術協力や訓練プログラムの提供を継続的に受けてきている。しかし、IAIは、ASEAN内のイニシアティヴとして立ち上げられたものである。金額や活動の規模が小さく実効性の高いものとは言えないが、ASEAN域内の友好を深めるという意味では評判のよいものである。

第2は中小企業振興である。中小企業振興戦略行動計画2010-2015では、ファイナンスへのアクセス、市場アクセスと国際化、人的資本開発、情報・指導サービスへのアクセス、技術・イノヴェーションへのアクセスを掲げた。さらに、ERIAがOECDの専門家と協力して、各国の中小企業関連政策を広範にレヴューした『中小企業関連政策指標』（ERIA, 2014）を作成した。しかし、なかなか具体的な成果に結びついていないとの評価もある。AEC2025では、極小企業（micro enterprises）を加えてMSMEとスコープを拡大し、実効性のある政策協力の道を模索している。

格差の是正という視点から中小企業を見てしまうと、どうしても所得再分配、あるいは小さくて弱いから守ってあげないといけないといった社会政策的なアプローチが強くなってしまう。そのような配慮が必要なタイプの家族経営極小企業のようなものも確かに存在するが、今、ASEANが力を入れて育成しなければならないのは経済的にも競争力の源泉となる中小企業であり、そのためには経済政策として何ができるのかを明確にしていく必要がある。ティア構造に則して考えるならば、主役となる中小企業は、たとえばティア3では小規模農村工業、ティア2では農産品輸出や観光サービスの中小企業、

ティア1aでは素材・部品を製造するサポーティング・インダストリー、ティア1bではヴェンチャー・ビジネスと、大きく性格を変えていく。中小企業を経済の中で不可欠な役割を果たすプレーヤーと位置付け、過不足なく市場に介入する経済政策を施行していくことが重要であり、ASEAN諸国はお互いに建設的に学び合う余地を大いに残している。

その他AEC2025では、経済統合と格差是正を矛盾するものととらえるのではなく、両方が同時に達成されるような道筋を見極め、それを後押しするような政策形成を試みていくことが期待される。

さらに、ASEAN社会文化共同体（ASCC）の方に分類されている教育、社会保障、災害対策、環境なども、部分的には経済政策によって担われるべきものである。それらとAEC2015の第2の柱、第3の柱との関係は密接である。AEC2025では、さらに意識してASCCとの連携を模索していく必要がある。

4　RCEPとTPP

4.1　第4の柱とRCEP

AEC2015の第4の柱「グローバル経済への統合」ではASEAN域外との経済連携深化のため、①対外経済関係についての一貫したアプローチと②グローバル・サプライ・チェーンへの参加促進の2点が謳われている。前者は特に、ASEANと域外国との間のFTAs網の形成に重点が置かれている。

その点で大きな成果と評価できるのが、2010年初めの時点での日本、韓国、中国、インド、オーストラリア・ニュージーランドとASEANの間のいわゆるASEAN＋1 FTAsが完成したことである。それぞれのFTAの経済効果については詳しい実証研究を待つ必要があるが、特恵関税の利用度などは上昇傾向にあり、また貿易促進のみならず投資も活性化されていることは明らかである。さらに現在、香港との間でFTA交渉が進行中である。

問題は、次の大構想である東アジア経済連携協定（RCEP）交渉が難航していることである。RCEPは、ASEAN10カ国にFTAパートナーである日本、韓国、中国、インド、オーストラリア、ニュージーランドの6カ国を包摂す

るFTA構想である。2012年11月、プノンペンにおける東アジアサミットの際に交渉開始が宣言され、2015年末までの交渉妥結を目指し、2013年5月に交渉が始まった。

　RCEPは、ASEANが広域経済統合においていわゆるASEAN中心性（ASEAN centrality）を発揮する上で重要なイニシアティヴである。地域の巨大新興国である中国とインドの両方を含み、生産ネットワークが展開されている東アジア全域をカバーする。かりに自由化度がTPPよりも若干劣るものになったとしても、その経済効果は十分に期待できる。RCEP交渉に当たっては、財貿易、サービス貿易、投資、経済・技術協力、知財、競争、法的・制度的課題、電子商取引に関する作業部会が設けられ、広範なトピックが含まれている。

　しかし、交渉は難航した。インドと中国が高いレベルの自由化に難色を示し、まずコアとなる財貿易の自由化の部分からつまずいた。2015年末までに妥結すると言った手前、2015年11月の首脳会議では何らかの進展を示さねばならず、そのためには2015年8月の経済大臣会合で無理にでも交渉のモダリティを決めねばならないという状況に陥った。その結果、関税に関しては10年間で80％の品目について撤廃するという極めて低いレベルの自由化で妥協することとなった。実はこの直後、10月初めにTPP交渉が大筋合意に達しており、RCEPの自由化度の低さが際立つこととなった。

　ASEANとしては、すでにASEAN+1 FTAsで他の6カ国と結び、インドを除けば90〜95％の関税撤廃をほぼ実現しているわけで、それらの既存のFTAs以上の自由化を勝ち取らなければ、むしろ貿易転換によって負の経済効果を受けてしまう危険性すらある。ASEAN自身はこの地域でもっとも深い経済統合を実現しており、ASEANモデルをベースにして自由化度の高いRCEPを作っていくというのが、ASEANの基本姿勢となるべきである。しかし、ASEANの一部メンバーを含め、RCEPを良質なものにしようとする動きが弱いまま、ここまで推移してきた。

　TPP大筋合意によって中国やTPP交渉に参加していないASEAN諸国がRCEPの良質化を働きかけてきたかというと、そうでもない。中国は当面、中国主導のインフラ整備を目指す一帯一路の話ばかりに熱心で、ASEAN＝

中国FTAの見直しは始めるようだが、RCEPに対しては積極的な姿勢を示していない。このままでは、RCEPは交渉妥結に至ることができたとしても、質の低いFTAとして、存在感の薄いものとなってしまう。現在、RCEPに関しては、内容よりも交渉妥結に至るスピードばかりを目指しているように思われる。もしそうであれば、一種の枠組み協定として早々に締結し、即座に質の高い2階部分の交渉を始められるよう、準備を進めるべきである。さもなくば、ASEAN中心性の減衰は避けられず、また中国、インドといった巨大新興国との対話の機会の1つを失うこととなる。

4.2　TPPのインパクト

2015年10月のTPP大筋合意は、ASEANおよび東アジア諸国に大きな衝撃を与えている。

TPPに向けてのドミノ効果が顕著である。インドネシアと韓国の大統領は、同10月のアメリカ訪問の際に、TPPに加盟希望であることをオバマ大統領に伝えている。台湾では、親TPPの政権が誕生する。フィリピン、タイも、加盟に関心を示している。中国も当然、研究を始めているであろう。

2015年11月にTPPのドラフトテキストがネット公開された。6,000ページ余にわたる大部のテキストを見れば、さまざまな交渉上の妥協はあるにせよ、TPPが設定する自由化の水準と国際ルールのベースは決して低いものでないことは、誰の目にも明らかである。実際にドラフトテキストを吟味すれば、本当にTPP加盟に踏み切れる国とそうでない国が分かれてくることが予想される。1つの壁は、高いレベルの自由化である。ほぼ100%の関税撤廃が要求され、サービスに関してもネガティヴ・リスト方式の約束が必要となる。また、新興国・発展途上国としては、かりに自由化に踏み切れる状況を作り出したとしても、知財保護や投資家対国の紛争解決（ISDS）などは最後まで抵抗感の残る分野であろう。

TPPについては、地政学的含意もさることながら、内容的にもさまざまな経済的衝撃を与えるものとなるだろう。1つは、ASEANおよび東アジアの新興国・発展途上国における経済改革への影響である。モノ、サービス、投資に関して高いレベルの自由化標準が示されたことに加え、国際ルール作り

の部分でもクリアすべき課題が提示されることになる。

　たとえば、政府調達については、TPPは無差別原則のWTO政府調達協定未調印国への拡大を意味する。この規律は、各国の官民癒着体質からの脱却に寄与する可能性がある。ただし、TPP原加盟国については、多くの例外が書き込まれており、どの程度の直接的な効果があるかについてはやや疑問符がつく。また、国有企業および指定独占企業については、民間企業との競争に関する大原則が物品取引のみならずサービスや投資についても書き込まれた。これは、これまでのWTO協定、既存FTAs、投資協定、OECDガイドラインなどでもカバーできなかったものであり、国有企業等の改革に一定の規律を課すものである。ただしここでも、原加盟国については例外が多い。国別留保のみならず、本文にも多くの適用除外が書き込まれ、当面の実効性には疑問が残る。もう1つ、行政の効率性向上や規制改革の加速についても、多くの分野への波及が期待される。

　TPPがティア1bでなすべきことを指し示している点にも注目したい。多様なサービス・財の消費、B to Cの重要性の認知は、先進国への道をたどるために不可欠である。お金持ち優遇と言われてしまわないよう、うまく事を運ぶ必要があるが。TPPにおける非関税障壁撤廃や貿易円滑化（特にSPS）、全面的なサービス自由化、電子商取引などは、ティア1bのための政策として認識されていく可能性もある。また、環境・労働への関心の高まりも、先進国となるための重要な要素である。

5　おわりに

　本章では、ASEAN（および一部は中国）が採用してきた開発戦略をGVCsの高度な利用という観点から整理し、その尺度をもってASEANの経済統合の評価と今後の課題を論じ、またTPPの有する意味について議論してきた。この地域はGVCsを積極的に利用する開発戦略の最先端を走っており、他の発展途上地域の経済発展にも大きな示唆を与えうる。ASEANの人々も、謙譲の美徳を発揮しすぎず、しかし一方で冷静な現状認識を踏まえつつ、自らの経済発展モデルの完成に向けて歩を進めていってほしい。

参考文献

Ando, Mitsuyo and Fukunari Kimura (2005) "The Formation of International Production and Distribution Networks in East Asia," In Takatoshi Ito and Andrew K. Rose, eds., *International Trade in East Asia* (*NBER-East Asia Seminar on Economics*, Volume 14), Chicago: The University of Chicago Press: 177-213.

Association of Southeast Asian Nations (ASEAN) (2008) *ASEAN Economic Community Blueprint*, Jakarta: ASEAN Secretariat (http://www.asean.org/storage/images/archive/5187-10.pdf).

Association of Southeast Asia Nations (ASEAN) (2010) *Master Plan on ASEAN Connectivity*, Jakarta: ASEAN Secretariat (http://usprogress.net/wp-content/uploads/images/2012/publications/Master%20Plan%20on%20ASEAN%20Connectivity.pdf).

Association of Southeast Asia Nations (ASEAN) (2015a) *ASEAN Integration Report 2015*, Jakarta: The ASEAN Secretariat (http://www.asean.org/storage/images/2015/November/media-summary-ABIS/ASEAN%20Integration%20Report%202015.pdf).

Association of Southeast Asia Nations (ASEAN) (2015b) *A Blueprint for Growth: ASEAN Economic Community 2015: Progress and Key Achievements*, Jakarta: The ASEAN Secretariat (http://www.asean.org/storage/images/2015/November/aec-page/AEC-2015-Progress-and-Key-Achievements.pdf).

Association of Southeast Asia Nations (ASEAN) (2015c) *ASEAN Economic Community Blueprint 2025*, Jakarta: The ASEAN Secretariat (http://www.asean.org/storage/images/2015/November/aec-page/AEC-Blueprint-2025-FINAL.pdf).

The ASEAN Secretariat and United Nations Conference on Trade and Development (2015) *ASEAN Investment Report 2015: Infrastructure Investment and Connectivity*, Jakarta: The ASEAN Secretariat (http://www.asean.org/storage/images/2015/November/asean-investment-report/ASEAN%20Investment%20Report%202015.pdf).

The ASEAN Secretariat and The World Bank (2015) *ASEAN Services Integration Report: A Joint Report by the ASEAN Secretariat and the World Bank*, Jakarta: The ASEAN Secretariat (http://www.asean.org/storage/images/2015/November/asean-services-integration-report/ASEAN_Services_Integration_Report.pdf).

Baldwin, Richard (2011) "21st Century Regionalism: Filling the Gap between 21st Century Trade and 20th Century Trade Rules," *Centre for Economic Policy Research Policy Insight*, No. 56 (May) (http://www.cepr.org).

Cadot, Olivier, Ernawati Munadi and Lili Yan Ing (2013) "Streamlining NTMs in ASEAN: The Way Forward," ERIA Discussion Paper 2013-24 (http://www.eria.org/ERIA-DP-2013-24.pdf). The revised version appeared in *Asian Economic Papers*, 14(1): 35-70.

Economic Research Institute for ASEAN and East Asia (ERIA) (2010) *Comprehensive Asia Development Plan*, Jakarta: ERIA (http://www.eria.org/publications/research_project_reports/the-comprehensive-asia-development-plan.html).

Economic Research Institute for ASEAN and East Asia (ERIA) (2012) *Mid-Term Review of the Implementation of AEC Blueprint: Executive Summary*, Jakarta: ERIA (http://www.eria.org/publications/key_reports/mid-term-review-of-the-implementation-of-aec-blueprint-executive-

summary.html).
Economic Research Institute for ASEAN and East Asia (ERIA) (2014) *ASEAN SME Policy Index 2014: Towards Competitive and Innovative ASEAN SMEs*, Jakarta: ERIA (http://www.eria.org/publications/research_project_reports/FY2012-no.8.html).
Economic Research Institute for ASEAN and East Asia (ERIA) (2015) *Comprehensive Asia Development Plan 2.0 (CADP2.0): Infrastructure for Connectivity and Innovation*, Jakarta: ERIA (http://www.eria.org/publications/key_reports/FY2014/No.04.html).
Fukunaga, Yoshifumi (2015) "Assessing the Progress of ASEAN MRAs on Professional Services," ERIA Discussion Paper 2015-21 (http://www.eria.org/ERIA-DP-2015-21.pdf).
Fukunaga, Yoshifumi and Hikari Ishido (2015) "Values and Limitations of the ASEAN Agreement on the Movement of Natural Persons," ERIA Discussion Paper 2015-20 (http://www.eria.org/ERIA-DP-2015-20.pdf).
Glaeser, Edward, Jed Kolko and Albert Saiz (2001) "Consumer City," *Journal of Economic Geography*, 1(1): 27-50.
Intal, Ponciano, Jr, Yoshifumi Fukunaga, Fukunari Kimura, Phoumin Han, Philippa Dee, Dionisius Narjoko and Sothea Oum (2014) *ASEAN Rising: ASEAN and AEC beyond 2015*, Jakarta: ERIA (http://www.eria.org/publications/key_reports/ASEAN-Rising.html).
Jones, Ronald W. and Henryk Kierzkowski (1990) "The Role of Services in Production and International Trade: A Theoretical Framework," In Ronald W. Jones and Anne O. Krueger, eds., *The Political Economy of International Trade: Essays in Honor of Robert E. Baldwin*, Oxford: Basil Blackwell: 31-48.
Kimura, Fukunari (2013) "Reconstructing the Concept of "Single Market and Production Base" for ASEAN beyond 2015," ERIA Discussion Paper 2013-25 (http://www.eria.org/publications/discussion_papers/reconstructing-the-concept-of-single-market-and-production-base-for-asean-beyond-2015.html).
Kimura, Fukunari and Mitsuyo Ando (2005) "Two-dimensional Fragmentation in East Asia: Conceptual Framework and Empirics," *International Review of Economics and Finance* (special issue on *"Outsourcing and Fragmentation: Blessing or Threat"* edited by Henryk Kierzkowski), 14(3): 317-348.
Kimura, Fukunari, Tomohiro Machikita and Yasushi Ueki (2015) "Technology Transfer in ASEAN Countries: Some Evidence from Buyer-Provided Training Network Data," ERIA Discussion Paper 2015-40 (http://www.eria.org/publications/discussion_papers/DP2015-40.html). Forthcoming in *Economic Change and Restructuring*.
Medalla, Erlinda M. (2015) "Towards an Enabling Set of Rules of Origin for the Regional Comprehensive Economic Partnership," ERIA Discussion Paper 2015-03 (http://www.eria.org/ERIA-DP-2015-03.pdf).
Prassetya, Rully and Intal, Ponciano Intal Jr. (2015) "AEC Blueprint Implementation Performance and Challenges: Standards and Conformance," ERIA Discussion Paper 2015-42 (http://www.eria.org/ERIA-DP-2015-42.pdf).

あとがき

　本書は、北東アジアと東南アジアを含む東アジアにおいて現在進行中の国際的生産・流通ネットワークの展開と、それを背後から支える地域経済統合の進捗をめぐる研究結果の一部を報告したものである。

　1990年代以降、東アジアにおける機械産業を中心とした生産ネットワークの発展には目覚ましいものがある。緊密なサービス・リンクで結ばれた生産ブロックの国際展開から始まり、さらに生産ネットワークに支えられながらの産業集積の形成に至っている東アジアは、少なくとも製造業に関する限り、グローバル・バリュー・チェーンの積極的な利用が世界でもっとも進んでいる地域と言ってよい。生産ネットワークの展開に伴い、発展途上国の経済開発戦略は根本的に塗り替えられ、また日本をはじめとする先進国の新興国・発展途上国との国際分業体制も大きく変貌を遂げてきた。東南アジア諸国連合（ASEAN）とそれを取り巻く東アジアにおいて深化が進む地域経済統合も、同地域における生産ネットワークの展開を踏まえてはじめて、その意義と今後の課題が理解できる。

　本書の執筆者5名は、少しずつ研究スタイルを異にしながら、いずれも実証国際貿易論を本拠として研究活動を進めてきた。東アジアで展開される生産ネットワークと経済統合は、日本経済との関連も深く、我々が取り上げる主要な研究テーマとなってきた。本書では、各自の研究論文に敷衍しながら、東アジアにおける生産ネットワークと経済統合に関する研究の現状を議論した。

　本書は、その内容に正確を期するため、読者の経済学あるいは国際貿易論に関する準備の度合いをあまり気にせずに書かれている。したがって、やや専門的に過ぎると感じる向きもあるかも知れない。しかし、そこで示されるメッセージは極めて実践的であり、東アジアの生産ネットワークの実態を把握し、その世界経済への影響を評価し、さらに政策論を展開していくために、

有用な実証研究ばかりを集めている。国際貿易論の専門家あるいは他分野のエコノミストはもちろんのこと、学生諸君にもぜひ読んでもらいたい。学部生であっても、難しいところをとりあえず飛ばして読めば、研究の意図は十分に伝わるはずである。また、本書で取り上げた実証研究の多くは、特に使用許可を必要としない統計データを用いたものであり、学生諸君でも同様の分析が可能である。まずはこの研究分野の魅力や社会における意義を感じ取ってもらえれば、本書の目的は十分に達成されたことになる。

ここ数年、慶應義塾大学では、経済学部、商学部、産業研究所に当該領域の専門家が数多く採用され、日本のみならず東アジア全体でも有数の（「第1の」と言いたいところだが、少し控えめに）国際貿易論研究者の集積となった。2～3週に1回のペースで開催される慶應の国際貿易論セミナーには、慶應と関係があるなしにかかわらず、東京周辺の諸大学・研究所の大学院生や研究者が毎回15～20名程度集まる。実に恵まれた研究環境が整ってきた。

日本の国際貿易論研究者は、同分野のトップジャーナルに掲載された論文を持つ者も多く、あまたの経済学分野の中でも比較的世界のフロンティアに近いところに立っている。また、国際貿易論全体として理論と実証研究の有機的融合が重視されるようになり、生産ネットワークの展開など次々と新しい経済現象が起きてくる東アジアに研究の本拠を置いていることも、強みとなってきた。

昨今の国際貿易論では、研究成果のアウトレットがもっぱら英文のレフェリー付きジャーナルに掲載される論文となってきたため、同じ分野の専門家以外の人たちに自分たちの仕事を紹介する機会はそれほど多くない。この魅力的な学術分野を少しでも多くの方たちに知ってもらうため、今回は忙しい中、気鋭の若手研究者諸君に、日本語で研究成果の一端を紹介しその意義について語ってもらうことにした。今回は誘えなかった遠藤正寛氏、大東一郎氏、清田耕造氏などとも、また機会を見て一緒に仕事ができたらと思っている。

本研究は、慶應義塾大学東アジア研究所の学術プロジェクト「東アジアの生産ネットワークと経済統合：ショックへの耐性と投資環境」として、公益財団法人高橋産業経済研究財団の助成を得て、遂行したものである。財団の

ご厚意に深く感謝するとともに、当時の東アジア研究所長の添谷芳秀教授、現所長の高橋伸夫教授、および小沢あけみさんをはじめとする東アジア研究所の皆様にも御礼申し上げたい。

　最後に、いつも期限に遅れてばかりの私をタイミングよく激励してくださり、親身になって編集に当たっていただいた喜多村直之氏にも、感謝の意を表したい。慶應義塾大学出版会から本を出していただくのは、『アジア地域経済の再編成』（2000年、佐々波楊子氏と共編著）以来である。仕事の遅い私だが、これに懲りず、またお付き合いいただけたらと願っている。

2016年4月

著者を代表して
木村福成

索引

アルファベット

AEC　178
AECブループリント2025　191
Alchian-Allen効果　20, 21
ASEAN＋1 FTAs　202
ASEAN経済共同体　178
ASEAN経済共同体ブループリント　189
ASEAN中心性（centrality）　203
ASEAN統合イニシアティヴ　201
ASEAN連結性マスタープラン　191
CADP2.0　179
connectivity　182
Cox-Snell残差　22
Cox比例ハザードモデル　18
CTC　156
Difference in Difference matching推定量　95
EPA　152
ERIA　179
EU　78, 81
extensive margin　38, 74, 76
FDI　111
FDIの受け入れ国（ホスト国）　112
FTA　82, 152
FTAs　180
GSP　182
GVCs　177
IAI　201
in-sourcing　108

intensive margin　38, 74, 76
JETRO　168
Kaplan-Meier推定　18
LDC特恵税率　165
Learning effect　91
MFN　151
Multinomial Logit　95
NAFTA　72
One-to-One Nearest Matching　95
PPML　74
PROSEC　72
proximity-versus-scale　114
R&D　186
RCEP　202
ROO　193
RTA　151
RVC　156
Selection effect　91
SP　156
SPS　194
Tariff Analysis Online: TAO　163
TBT　194
TiVA　177
Total Factor Productivity: TFP　98
TPP　178
urban amenitiies　179
WO　156

あ行

アジア総合開発計画 2.0　179
アジア貿易　20
アンバンドリング
　第1の――　60
　第2の――　60, 63, 115, 178

1対1最近傍マッチング法　95
一般特恵関税　182
イノヴェーション
　――・ハブ　179
　プロセス・――　184
　プロダクト・――　185
インソーシング　108
インフラ　53, 82

衛生植物検疫　194
貿易とFDIの関係　116

欧州連合　78

か行

海外アウトソーシング　108
海外子会社　113, 116, 120
海外事業活動基本調査　96, 120
海外直接投資　111
回復の速さ　32, 50
価格効果　37, 38
学習効果　91
加工工程基準　156
カプラン・マイヤー推定値　46, 47
為替のパス・スルー　170
関係特殊性　6
頑健性　40, 52, 63
関税　82, 192
　――番号変更基準　156
完成品　60
完全生産品　156
環太平洋経済連携協定　178

機械
　――完成品　30, 32, 38, 40, 43
　――産業　3, 30, 32, 59, 60, 74, 76, 78, 82, 120, 129
　――製品輸出　18
　――部品・中間財　30, 32, 38, 40, 43, 79
　――部品貿易　44
　――貿易　9
企業活動基本調査　96
企業の異質性　116
基準認証　194
技能労働者比率　89
競争政策　82
距離　20
僅少の非原産材料規定　158
近接性と規模の関係　114

国×製品数　9
グラビティ・モデル推計　74, 81
グローバル・バリューチェーン　132, 177

傾向スコア法　92
経済統合　29
経済連携協定　152
継続　6
　――取引期間　12, 13
研究開発　186
原産地規則　152, 193
原産地証明書　166
現地調達(比)率　117, 172
現地販売比率　117

工業統計調査　96
高度センシティブ品目　153
後発開発途上国向けの特恵税率　165
国際通商政策　54
国際的生産・流通ネットワーク　178
国際分業　76
　――体制　59, 68, 76, 78, 81, 82
国有企業　205
コミュニケーションコスト　4
コンプレックスFDI　114, 115

さ行

サービス産業　120
サービス貿易　194

索引　215

サービス・リンク・コスト　4, 82, 183
最恵国待遇税率　151
再参入　6
最終財　9, 12, 21
最終消費地　33
サバイバル関数　18
サバイバル分析　3, 6, 30, 37, 46
サプライチェーン　3, 46, 52, 54, 116, 118
　——の国際化　125
産業集積　53, 76, 82, 179
産業分野別生産促進プログラム　72
参入効果　37, 38, 43

資源調達型 FDI　118
市場規模　112
自動車　32, 38, 40, 43
自由貿易協定　152, 180
除外品目　153
新・新貿易理論　116

垂直的直接投資（FDI）　85, 111-113
　　純——　118
水平的直接投資（FDI）　85, 111-113
　　純——　118
数量効果　37, 38
スパゲティ・ボウル現象　171

税関貿易データ　8
生産
　——効率の追求　112
　——コストの差　112
　——システムの大転換　115
　——体制の再編成　33
　——地　33
　——ネットワーク　3, 29, 37, 44, 51-53, 59,
　　60, 63, 68, 76, 78, 81, 82, 178
　——ネットワーク内取引　53
　——ネットワークの深化　60
　——費用の格差　112
　——ブロック　183
　——・流通ネットワーク　29
政府調達　205
世界金融危機　3, 29

接続性　182
センシティブ品目　153
先進国　59
選択と集中　33
選別効果　91
専門家サービスの相互認証　196
全要素生産性　98

た 行

タイ洪水　29, 51, 53
第 3 国　115, 127
退出　6
　——・再参入ダイアグラム　3
　——・参入ダイアグラム　3
　——効果　37, 38, 40, 43, 49
多項ロジット　95
多国籍企業　82
単位価格　20
単価　20

地域貿易協定　151
知的所有権　82
中間財・部品貿易　113
中小企業　201
中進国の罠　180
調達先調整コスト　159
直接投資の分類　112

通商白書　142

電気電子　69
　——産業　74, 76, 78, 81-84
　——部品　72
伝統的な 2 分類　111
特恵マージン　155
特恵利用率　162
都市アメニティ　179
途上国　59
ドミノ効果　204
取引期間　20
トレーシング規定　158

な行

日本企業　111, 120
日本貿易振興機構　168

ネットワークFDI　111, 118

農水産品・食料品　35
ノーマル・トラック品目　153

は行

ハザード関数　18
ハザード率（レート）　20, 46, 47
バランス検定　96
バリューチェーンを促進する工業化戦略
　119
販売
　──市場の追求　112
　──・調達の地域化・局地化　132
　──・調達のパターン　120
　──・調達ボックス・ダイアグラム　111,
　　117

東アジア・アセアン経済研究センター　179
東アジア経済連携協定　202
東日本大震災　29
非関税措置　82, 193
ビジネス環境　82
非生産部門従業者数　85

付加価値基準　156
付加価値貿易　177
複合的海外直接投資　109
復活確率　47, 49, 50, 53
部品　12, 21, 60
　──・中間財　69
　──・中間財貿易　7, 63, 65
　──貿易　18, 20

フラグメンテーション　3, 4, 113
　──の耐久性　3
　──理論　183

平均処置効果　95

貿易
　──円滑化　193
　──コスト　112
　──障壁・関税回避型FDI　118
　──創出効果　168
　──とFDIの関係性　113
　──と品質　20
　──の技術的障害　194
北米自由貿易協定　72
ポワソン疑似最尤法　74

ま行

マキラドーラ　72

や行

輸出
　──額　30, 37
　──基地型の海外直接投資　109
　──プラットフォーム型FDI　118
　──目的地の数　12
輸送機器産業　76, 81-83
輸送費　4, 76, 82, 112
輸入代替的な工業化戦略　119

ら行

立地の優位性　82

累積規定　158
連続取引継続期間　20

ロールアップ規定　158
ロジット分析　30, 37, 43, 44

人名

Alfaro, L. 112
Amiti, M. 38
Ando, M. 29, 33, 59, 178
Baldwin, R. 111, 121, 140, 178, 183
Baltagi, B. 116
Bernard, A. 115
Besedes, T. 6
Bhagwati, J. 171
Blonigen, B. 113
Branstetter, L. 88
Bureau, J. 167
Cadot, O. 167, 169, 194
Castellani, D. 92
Chang, K. 167
Charlton, A. 112
Cherkashin, I. 169
Cipollina, M. 152
de Melo, J. 169
Demidova, S. 158
Ekholm, K. 109, 113
Estevadeordal, A. 167
Feenstra, R. 85
Feinberg, S. 112
François, J. 167, 169
Fukao, K. 92
Fukunaga, Y. 197
Glaeser, E. 187
Grossman, G. 109
Haddad, M. 37
Hakobyan, S. 167
Hanson, G. 85, 113, 115
Hayakawa, K. 85, 167-173
Heckman, J. J. 95
Helpman, E. 91, 102, 112, 115, 116
Hijzen, A. 93
Intal, P., Jr. 194

Jones, R. 4, 29, 183
Keane, M. 112
Keck, A. 167
Kierzkowski, H. 4, 29, 183
Kimura, F. 29, 59, 90, 178, 184, 190
Kiyota, K. 90, 97
Krishna, K. 158
Lendle, A. 167
Manchin, M. 167
Markusen, J. R. 112
Maskus, K. E. 112
Medalla, E. M. 193
Melitz, K. J. 91
Melitz, M. 116
Navaretti, B. 92, 93, 102
Obashi, A. 49
Okubo, T. 3, 111, 140
Prassetya, R. 194
Prusa, T. J. 6
Rosembaum, P. 93
Rubin, D. 93
Salvatici, L. 152
Takahashi, K. 168
Ulloa, A. 169
Urata, S. 168
Venables, T. 92
Wanger, R. 169
Weinstein, D. E. 38
Yamashita, N. 92
Yeaple, S. 109, 113

安藤光代 29, 59, 61, 83
木村福成 61, 83, 91
黒澤昌子 93
松浦寿幸 87, 98
椋寛 91

執筆者紹介

木村福成（きむら ふくなり）〔序文、第7章、あとがき〕
慶應義塾大学大学院経済学研究科委員長・経済学部教授
1982年東京大学法学部卒業、1991年ウィスコンシン大学大学院博士課程修了。Ph.D.(経済学)。財団法人国際開発センター研究助手、ニューヨーク州立大学オルバニー校経済学部助教授、慶應義塾大学経済学部助教授等を経て、2000年より教授、2015年より研究科委員長。東アジア・アセアン経済研究センター（ERIA）チーフエコノミストを兼務。専門は、国際貿易論、開発経済学。
主な業績：『国際経済学入門』（日本評論社、2000年）；Multinationals and Economic Growth in East Asia: Foreign Direct Investment, Corporate Strategies and National Economic Development (Routledge, 2006, edited with Shujiro Urata and Chia Siow Yue)；East Asia's Economic Integration: Progress and Benefit (Palgrave Macmillan, 2008, edited with Daisuke Hiratsuka)；Comprehensive Asia Development Plan (ERIA, 2010, co-authored)；『通商戦略の論点――世界貿易の潮流を読む』（文眞堂、2014年、共編著）ほか。

大久保敏弘（おおくぼ としひろ）〔第1章、第5章〕
慶應義塾大学経済学部教授
2005年スイス・ジュネーブ大学及び国際高等研究所 Graduate Institute of International and Development Studies, Geneva（国際・開発研究大学院）、Ph.D.（国際関係、経済学）。
2005年スイス・国際高等研究所（国際・開発研究大学院）研究員、2006年英国・マンチェスター大学 IPEG、2008年神戸大学、2010年英国・オックスフォード大学経済学部、スウェーデン・ストックホルム大学経済学部研究員、2011年慶應義塾大学経済学部准教授を経て、2015年より現職。この間、ベルギー・カトリックルーバン大学客員研究員、英国・バーミンガム大学経済学部客員研究員、スイス・チューリッヒ大学経済学部客員教授などを歴任。専門は、国際貿易・海外直接投資、空間経済学。
主な業績：Heterogeneous Firms, Agglomeration and Economic Geography: Spatial Selection and Sorting, Journal of Economic Geography 6 (2006, co-authored with R. E. Baldwin)；The Spatial Selection of Heterogeneous Firms, Journal of International Economics 82(2), (2010, co-authored with P. M. Picard and J.-F. Thisse)；On the Development Strategy of Countries of Intermediate Size – An Analysis of Heterogeneous Firms in a Multi-region Framework, European Economic Review 56 (2012, co-authored with R. Forslid)；The Carbon Dioxide Emissions of Firms: A Spatial Analysis, Journal of Environmental Economics and Management 65(2), (2013, co-authored with M. A. Cole, R. J. R. Elliott and Y. Zhou）ほか。

安藤光代（あんどう みつよ）〔第2章、第3章〕
慶應義塾大学商学部教授
1999年慶應義塾大学経済学部卒業、2001年同大学大学院経済学研究科修士課程修了、2005年同博士課程修了。博士（経済学）。2001年慶應義塾大学経済学部研究助手、2005年一橋大学大学院経済学研究科専任講師、2007年慶應義塾大学商学部専任講師、2008年同大学准教授を経て、2016年より現職。専門は国際貿易論。
主な業績：Two-dimensional Fragmentation in East Asia: Conceptual Framework and Empirics, *International Review of Economics and Finance* 14 (2005, co-authored);『東アジアにおける国際的な生産・流通ネットワーク——機械産業を中心に』（三菱経済研究所、国際文献印刷社、2006年）；Impacts of Japanese FTAs/EPAs: Preliminary Post Evaluation, *The International Economy* 11 (2007); How Did the Japanese Exports Respond to Two Crises in the International Production Network?: The Global Financial Crisis and the Great East Japan Earthquake, *The Asian Economic Journal* 26 (3) (2012, co-authored);Globalization and Domestic Operations: Applying the JC/JD Method to the Japanese Manufacturing Firms, *Asian Economic Papers* 14(2) (2015, co-authored) ほか。第3回小島清賞優秀論文賞受賞（2008年）。

松浦寿幸（まつうら としゆき）〔第4章〕
慶應義塾大学産業研究所准教授
1998年慶應義塾大学総合政策学部卒業、2000年同大学大学院商学研究科修士課程修了、2003年同博士課程単位取得退学。2006年博士（商学）。2003年独立行政法人経済産業研究所研究スタッフ、2007年同研究員、一橋大学経済研究所専任講師、2009年慶應義塾大学産業研究所専任講師を経て、2014年より現職。専門は、国際経済学、産業組織論。
主な業績：Reconsidering the Backward Vertical Linkage of Foreign Affiliates: Evidence from Japanese Multinationals, *World Development* 36(8) (2008, co-authored with Kozo Kiyota, Shujiro Urata and Yuhong Wei); Two-dimensional Analysis of the Impact of Outward FDI on Performance at Home: Evidence from Japanese Manufacturing Firms, *Japan and the World Economy* 27 (2013, co-authored with Ayako Obashi, Kazunobu Hayakawa and Kazuyuki Motohashi); International Productivity Gaps and the Export Status of Firms: Evidence from France and Japan, *European Economic Review* 70 (2014, co-authored with Flora Bellone, Kozo Kiyota, Patrick Musso, Lionel Nesta); Trade Liberalization in Asia and FDI Strategies in Heterogeneous Firms: Evidence from Japanese Firm-level Data, *Oxford Economic Papers* 67(2) (2015, co-authored with Kazunobu Hayakawa) ほか。

早川和伸（はやかわ かずのぶ）〔第 6 章〕
アジア経済研究所研究員
2003 年慶應義塾大学経済学部卒業、2005 年同大学大学院経済学研究科修士課程修了、2008 年同博士課程修了。博士（経済学）。2005 年慶應義塾大学経済学部助教を経て、2008 年より現職。専門は国際貿易。
主な業績：Globalization and Productivity: A Survey of Firm-level Analysis, *Journal of Economic Surveys* 26(2) (2012, co-authored with F. Kimura and T. Machikita); Trade Liberalization in Asia and FDI Strategies in Heterogeneous Firms: Evidence from Japanese Firm-level Data, *Oxford Economic Papers* 67(2) (2015, co-authored with T. Matsuura); Trade Creation Effects of Regional Trade Agreements: Tariff Reduction versus Non-tariff Barrier Removal, *Review of Development Economics*, 20(1) (2016, co-authored with T. Ito and F. Kimura); Measuring the Costs of FTA Utilization: Evidence from Transaction-Level Import Data of Thailand, *Review of World Economics* （Forthcoming, co-authored with N. Laksanapanyakul and S. Urata）ほか。

慶應義塾大学東アジア研究所叢書
東アジア生産ネットワークと経済統合

2016 年 5 月 30 日　初版第 1 刷発行

著　者―――木村福成・大久保敏弘・安藤光代・松浦寿幸・早川和伸
発行者―――古屋正博
発行所―――慶應義塾大学出版会株式会社
　　　　　　〒108-8346　東京都港区三田 2-19-30
　　　　　　TEL 〔編集部〕03-3451-0931
　　　　　　　　〔営業部〕03-3451-3584〈ご注文〉
　　　　　　　　〔　〃　〕03-3451-6926
　　　　　　FAX 〔営業部〕03-3451-3122
　　　　　　振替　00190-8-155497
　　　　　　http://www.keio-up.co.jp/
装　丁―――渡辺澪子
印刷・製本―株式会社加藤文明社
カバー印刷―株式会社太平印刷社

　　　　Ⓒ2016 Fukunari Kimura, Toshihiro Okubo, Mitsuyo Ando,
　　　　Toshiyuki Matsuura, Kazunobu Hayakawa
　　　　Printed in Japan ISBN 978-4-7664-2333-4

慶應義塾大学出版会

慶應義塾大学東アジア研究所叢書

東アジアの電子ネットワーク戦略
関根政美編　インターネットを中心とした東アジア諸国における情報化＝電子ネットワーク社会化の進展とその消費文化・社会への影響を探り、今後の社会変容の動向を浮き彫りにする。　　　　　　　　　　　　　　　　◎3,600円

東アジア自転車産業論
渡辺幸男・周立群・駒形哲哉編著　1990年代以降ダイナミックに発展している自転車産業を、東アジア全体の地域間分業、産業発展の動向の中に位置付けて分析した、初の本格的な研究。日中それぞれで行った豊富な現地訪問・聴取り調査に基づく最新の成果。　　　　　　　　　　　　◎5,800円

太平洋島嶼地域における情報通信政策と国際協力
菅谷実編著　太平洋島嶼地域は、その地理的条件を乗り越え、情報通信インフラを整備することができるのか。その方途と社会・経済的発展への影響を、主要関係国との協力に焦点を当てて論じる。　　　　　　　　　　　　　◎5,400円

アジアの持続可能な発展に向けて
―環境・経済・社会の視点から
厳網林・田島英一編著　急速な経済成長の一方にある、環境問題の深刻化や格差の拡大。これらの歪みを是正し、「持続可能な社会」を築くためには何が求められているのか？　地域特有の課題を通して、複合的視座から考える。　◎6,200円

表示価格は刊行時の本体価格（税別）です。